衣笠祥雄　最後のシーズン

山際淳司

角川新書

序文にかえて

犬塚《いぬづか》（山際）星司《せいじ》

本書は、９つの野球ノンフィクション作品を収録した短編集となっている。

標題にある衣笠祥雄《きぬがささちお》のほかにも、星野仙一《ほしのせんいち》・根本陸夫《ねもとりくお》・村田兆治《むらたちょうじ》・東尾修《ひがしおおさむ》・荒木大輔《あらきだいすけ》・落合博満《おちあいひろみつ》・田淵幸一《たぶちこういち》・江夏豊《えなつゆたか》といった、往年の名選手・名監督を取り上げた作品が収められている。

著者である父・山際淳司《やまぎわじゅんじ》（本名・犬塚進《すすむ》）は、１９９５年に46歳の若さで亡くなっているので、当然のことながらこの本は、新たな書き下ろしではなく、「再録」である。

９作品の背景となる時代は主に１９８０年代と90年代。「昭和後期から平成初期」と言い換えてもいい。たとえば、村田兆治や落合博満が着ているのはロッテオリオンズのユニホームで、根本陸夫が監督するのは完成したばかりの福岡ドームを本拠地とするダイエーホークスだ。川崎球場《かわさき》、クラウンライター、南海《なんかい》、大洋《たいよう》ホエールズ、（パ・リーグの）２シーズン制など、当時を知る読者なら懐かしさを感じるであろうキーワードが次々と出てくる（ストライク―ボールのカウントの順序も、当時の原文のままになっているので、ご注意いただきたい）。

ここに収録されているどの作品にも共通しているのは、そこに描かれているのが、彼らの輝かしい成績やスターとしての側面から一歩踏み込んだ、生身の人間としての横顔であることだ。ふと口をついて出るぶっきらぼうで断定的な人生訓や、彼らが物事を語るときの口調やリズム感、あるいは作品の中で言及される歩んできた道のりを通じて、彼ら一人一人のキャラクターが描き出されていく。

私たちが普段メディアを通じて見慣れているのは、日々の結果（スコア）やそこでの談話（コメント）といった「事実」で報じられるスポーツの語られ方だ。長い時間軸の中からシーンとシーンの断片を集めて人物像を浮き上がらせていく語り口は、編集室でフィルムをつなぎあわせた映画を見せられているようだ。

僕自身の話をすると、この本の登場人物たちの中で、物心ついてからキチンとお会いしてお話をしたことがあるのは、星野さんと衣笠さんのお二人だけだ。

星野さんとお会いしたのは2003年、星野監督が阪神《はんしん》を18年ぶりのリーグ優勝に導いた直後のことだった。当時19歳だった僕は、大学を休学して「山際星司」の名前でライターをしていて、NHKの星野仙一取材班の末席に加えていただく形で、インタビュアーをさせてもらったことを覚えている。

シーズンを通しての戦いや、ファンやメディアからの注目について聞いていく「取材」が一通り終わったあと、父はどんな人間でしたか、と聞いた僕に、開口一番「何も面白うなかったな」とニヤッと笑って告げた星野さんの口調に、お互いを認めあった大人同士の友情が垣間見えた。

「俺はお前と野球の話をしたかない、もっと別の話をしよう、と言うんだけどもさ。好きなんだな、勝負とか野球というか、スポーツというものが」

星野さんは、記憶を嚙《か》みしめるようにそう続けた。

衣笠さんとはじめてお会いしたのは、２０１７年6月。これはつまり、お亡くなりになられる10か月ほど前にあたる。

新書『江夏の21球』の発売を機に、山際淳司の一人息子（＝僕）が、「当時の山際さんを知る人と対談する」という企画が立ち上がり、その第一弾のお相手が衣笠さんだった。１９８０年に発表された「江夏の21球」という作品の主人公はマウンド上の江夏豊だが、ファーストを守る盟友・衣笠祥雄も、ピッチャーの孤独な心情を瞬時に理解する重要な存在として登場する。

はじめてお会いする〝鉄人〟は、ともかくカッコよかった。その鋭い眼光は数えきれないほどの真剣勝負を重ねてきたことを物語っていて、40年前のワンシーンを鮮明に思い起こす記憶力と、それを明晰《めいせき》な言葉と柔らかい語り口で語る姿は、まさしく〝ホンモノ〟だった。とても大病を患われるようには見えなかったし、写真を見返してもその力強い印象は変わらない。お話を聞きながら僕が思っていたのは、「きっと、１９８０年の山際淳司も、このカッコよさにシビれたに違いない」ということだった。

「江夏の21球」という作品が、山際淳司がスポーツライターとしてキャリアを重ねていくことを決定づけたのは、『Number』創刊号に掲載された同作品が世の読者から受けた評価だけではなかったのではないか――。むしろ取材によって得た衣笠さんや江夏さん、あるいは野球評論家の野村克也《のむらかつや》さんといった、〝ホンモノ〟との出会いを通じて、スポーツという世界に、これだけ魅力的な男たちがいることを発見したことが、彼のキャリアを決定づけたのではないか――。そう思わされるような、強烈な出会いだった。

そんな僕の思いを裏付けるように、対談の後で衣笠さんからいただいたメールには、「顔を見た途端に若返りました。その時に帰れたのかな？　懐かしい思い出を引きずり出してくれました」とあった。僕は声や表情が、父親によく似ていると言われる。昭和23年生まれの山際淳司は、１９８０年の取材当時31歳。そして、気がつけば僕の年齢は、ちょうど父が衣笠さんたちを最初に取材した頃と同じくらいになっていた。

本書のタイトルとなっている『衣笠祥雄最後のシーズン』は、ある収録作品の副題からとられている。その作品のメイン・タイトルは「バットマンに栄冠を」という。かつて、同名のタイトルの文庫本が角川書店から出版されていたので、そちらを覚えてくださっている方もいるかもしれない。

〝ケチをつける気はないが、これはメイン・タイトルにすべきではなく、あくまでサブ・タイトルにしておくべきだと、ぼくは思う〟

この本の中には、山際淳司が書いたこんな一文が出てくる。本書のタイトルを選んだ僕たちに向けられた言葉ではないと知りながら、一瞬ハッとさせられる。山際淳司が自分の本につけたタイトルを並べてみれば、彼がある種の美学を持った作家だったことが、ひと目で分かるからだ。

『スローカーブを、もう一球』『逃げろ、ボクサー』『山男たちの死に方』
『ダグアウトの25人』『真夜中のスポーツライター』『バットマンに栄冠を』
『ニューヨークは笑わない』『自由と冒険のフェアウエイ』
など——。

こうした新書の形で山際淳司の作品集が出版されるのは、昨年（２０１７年）の『江夏の21球』につづいて2回目となる。補足をすると、「江夏の21球」という作品も、山際淳司の代表作でありながら、そのタイトルを冠した本というのは昨年の新書の出版までなく、『スローカーブを、もう一球』の収録作品だった。本書の出版も、衣笠祥雄さんが亡くなられた際に寄せられた、〝「バットマンに栄冠を」をまた読みたい〟という声に応《こた》えている面が少なからずある。

著者が亡くなって二十余年が経ち、さきほど挙げた本のほとんどが紙の本としては手に入らない状況になっている。より多くの方々にあらためて作品を手にとっていただくきっかけになれば、という思いでつけられたタイトルであることを、読者の皆さまにもご理解いただいたうえで本書をたのしんでいただければ、幸いに思う。

目次

第1章

名将

メルセデスにて

1989（平成元）年

「勝負に向いているのか、向いていないのか、わからなくなるときがあるよ」

彼はいった。

「だれがですか？」ぼくは、念のために聞く。

「だれがって……。おれがだよ」

そういって笑うかなと思ったが、かれは笑わなかった。

「のめりこみすぎるんだな。本気に入りこんじゃう。だからね、負けるとハラがたってしようがない。気分転換？　そりゃ、しようとするさ。だけどダメだね。ちょっとやそっとの気分転換じゃおさまらない」

「いつ気分が晴れるんですか？」

かれはやっと笑って、答えた。

「ゲームに勝ったときさ」


中日ドラゴンズの監督、星野《ほしの》仙一《せんいち》はメルセデスのステアリングを握っていた。まだユニフォームを着たままだ。4月にスタートしたペナントレースが、やっと終わったところだった。監督就任二年目にしてかれとかれのチームは「優勝」をもぎとることに成功した。シーズン前半の、不調。夏を目の前にしての連敗。それをすべて帳消しにするかのような後半戦の逆転また逆転のスリリングなゲーム。激しいペナントレースからやっと解放されたのだが、ユニフォームを着たままの監督はまだ戦闘中であるかのごとくだ。

クルマを走らせながら話そうか、かれはそういった。

メルセデスは、球場をあとにした。

ユニフォームの膝《ひざ》のあたりにグラウンドの土がこびりついていた。自分がマウンドに登って投げてきたわけではないのだが、星野監督は一試合完投してきたピッチャーのようでもある。ぼくはかれの背中の背番号を確認する。〈77〉だ。ピッチャー星野ではない。監督、星野仙一だ。しかし、これほど選手のごとく長いペナントレースを戦ってきた監督も少ないのではないか。かれはしばしばダグアウトの中からマウンドにいるピッチャーに向かって腹の底から声を出し、叫ぶようにいったものだ——。

逃げるなよ。勝負していけよ、と。

小野《おの》や小松《こまつ》、鈴木《すずき》、近藤《こんどう》、郭源治《かくげんじ》……かれらに向かって声を張りあげながら、監督は自分に向かって叫んでいたのかもしれない。

１９８８年の野球シーズンのことだ。

タフな指揮官でしたね。

「今だからできるんだ。体力があって、ドラゴンズをもっといいチームにしたいという思いがある。まだまだ足りん。まだまだ不十分だ。そう思ってやっているから気持ちが前に出ていくんだよ」

ついでに体も出ていく。

「手が出るな。どなりもするしね。あれは演技なんかじゃないんだ。ああすれば選手がピリッとするだろうとか、そういうことを考えて演技しているわけじゃない。ポーカーフェイスとか、おれにはできないからね。本音だよ。いつも本音でやってきた」

しかし、試合後のコメントを聞いていると、負けても余裕のポーズをとってみせることもあった。

「無理に笑ったりしてな。あれは難しい。顔がひきつってるんじゃないかと、ひやっとしてるんだ」

選手、とくに若手選手にとっては最後まで監督は怖い存在だったと思う。チャンスに凡退してダグアウトに戻ってくると、自然と足が遠回りして監督に近づかないようにしていた。

「ハハハハ。攻めの野球をしなけりゃいけない。ケンカをやれということじゃないんだよ。けどね野球はね、バットとボールのぶつかりあいだよ。次の塁、次の塁と攻めていくから勝てるんであって、それは本気になってやらないかん。ケンカ腰でね。おれはそういう姿勢でやってきた」

一番エネルギーの必要な采配《さいはい》ですね。

「疲れるよ、そりゃ。同じようなやり方を五十歳になってもできるかといわれたら、わからんな」

監督がそういう姿勢でいるから選手にはプレッシャーがかかったでしょうね。

「プレッシャー、プレッシャーというけどね、そんなもんに押しつぶされたら、それだけのものなんだ。プロだったらプレッシャーを突き抜けるのが当たり前だよ。大事な場面で気楽に行け、なんておれはいえない。一球たりともおろそかにできない場面で気楽になれるやつなんていないよ。プレッシャーを感じて当然なんだ。要はそこから逃げるか、向かっていくか、だよ。プレッシャーをひとつ乗り越えるとね、次にはもっと大きなプレッシャーと向かうことになる。勝負の世界はその連続だと思う。それをいくつも突き抜けていくから、大舞台でちゃんと自分の力を発揮できるようになる。だからおれはプレッシャーをかけるよ。どんどんプレッシャーを感じろ、という。プレッシャーに挑戦してみろ、とね。監督に怒鳴られるくらい、大したプレッシャーじゃないよ」

ピンチのときにマウンドへいきますね。そういうときでも星野流のいい方ですか？

「おれははっきりいうよ。ここは抑えろってね」

抑えたくても抑えられないかもしれない。それがピンチですね。それでも、抑えろと？

「どうしても相手打線を抑えてほしいからマウンドへ行くわけだよ。遠回しないい方をするより、はっきり気持ちを伝えたほうがいいな。ここで打たれたら承知せんぞ、ということもあった」

そういういい方をしても不自然じゃない。それが星野仙一という男なんですね。似合わない監督がそういったらケンカになる。

「源治（郭）はおもしろいやつで、おれがマウンドへ行って何やっとるんだ、というと、監督さんをマウンドへ呼びたかったんだ、というんだ。テレビに映してやりたいから呼んだんだというわけさ」

ゲームの瀬戸際に立つピッチャーとしては、いい台詞《せりふ》ですね。

「監督の口からいうべきことじゃないかもしれんが、今シーズンのＭＶＰは源治だよ。セーブの記録を作ったということだけじゃなく、チームを助けてくれた。源治を出して負けたら、これはもうしょうがないと、あきらめがつく。それくらい信頼できるリリーフエースだな」

その郭源治が監督をテレビに映したいからピンチを作ったという。監督は思わず苦い？

「ちゃんというよ。みんなが早く握手してシャワー浴びたがってるんだから早うせい、と。それでトントンとゲームが終わる」

いいチームだろ、監督の笑顔はそういいたげである。

車は名古屋《なごや》の市内を走り続けた。

どこへ向かおうとしているのか、わからない。

〈77〉の背番号をつけたユニフォームを着たままの監督は語り続ける。ちゃんと、見とったんか？　かれはいう。大リーグの野球ばかり見とったんじゃないのか、と。ぼくはそのシーズン、大リーグ野球の仕事をしていたので、確かに大リーグのゲームはたくさん見た。LAドジャースは、星野・中日と深く結びついている。ドラゴンズのユニフォームデザインはドジャースそっくりだし、ドジャースは春にはベロビーチのドジャータウンへ行き、一緒にキャンプを張った。山本《やまもと》、西村《にしむら》、藤王《ふじおう》……若手選手をドジャースのマイナーチームに預けてそのまま置いてくる、というやり方をしたのが星野監督だ。

会話はつづいた。テープレコーダーは、いつのまにか回りはじめ、その場の音声をきちんと拾っている。

ベロビーチ、ドジャータウンでのキャンプは結果的には成功でしたね。

「シーズン始めはボロクソにいわれたけどね。ベロビーチまで行って何してきたのかと。ケガ人は出るわ、調整に失敗する選手は出るわ、スタートでつまずいたから、いいたい放題のこと、いわれた」

プラスになったのは、どういうことでしたか。

「アメリカ野球の厳しさを身近なところでみたこと。メジャーにあがれるか、あがれないか、ぎりぎりのところでやっている選手がふるい落とされ、荷物をまとめてキャンプ地を去っていく。こいつまで落ちるのか、とびっくりするくらい、いい選手もメジャーの壁を前にして引き返していく。よく練習するよ、そういった連中は。早朝特訓をやって、昼間の練習に参加し、そのあともまた練習。それも基本を繰り返す練習だよ。そうするとちゃんとしたキャッチボールができるようになるんだ」

ちゃんとしたキャッチボール？

「ちゃんと相手の胸に投げる。ゴロは正面で捕る。それが基本で、その基本ができるからバリエーションプレイができる。ちゃんとしたキャッチボールができない選手がけっこうプロにもいるんだ」

練習。基本。現役時代の星野さんは、どちらかといえばその手のものが嫌いだったほうですね。

「まあな。だからいえるんだよ。練習嫌いだったおれを真似ちゃいかん。実際、そう思うよ。わしみたいな監督がおったら、もう少し投げられたかもしれん。ちゃんとトレーニングを積んでおけば、絶対に選手寿命は延びる。間違いないんだ。だからおまえらに練習せえ、がんばれというんだ、と話をするよ。これは一度ユニフォームを脱いで外から野球を見るようになってわかったことだな。よそのチームに比べれば、ドラゴンズ、練習少なかったもん」

チームの改造に手をつけたわけですね。一年前の秋のキャンプでもすさまじかった。

「浜松《はままつ》に見にきてたから、わかっただろ。徹底的にやらせた。みんな足がぱんぱんになって動けないくらいだった」

あいつがツブれた、こいつがダメになったと星野さんが話をしているのを覚えてますよ。うれしそうにいっていた。

「うれしそうに？　バカたれが（笑）。シーズン終わったあとだからね、選手が故障してもかまわんと、コーチにいったよ。あれくらいの練習でぶっこわれるやつは、それだけのもんなんだ」

若いキャッチャーに注目してくれともいっていましたね。何が何でもこいつをレギュラーにしてみせると。だから来シーズン、見ててくれと。それが中村《なかむら》ですね。

「よう怒鳴りつけたよ、あいつを。苦しかっただろうけど、そこでがむしゃらになって苦しんでいるうちは、おれはチャンスを与えるんだ。もっと大きくなろうとしているわけだからね」

　そういう若い選手の抜擢《ばってき》の仕方が星野監督の特徴だと思う。ルーキー、近藤投手の起用の仕方から始まって、立浪《たつなみ》も含めて、かなり思いきった選手起用をしていますね。

「今から思うとそのあたりの呼吸は、水原《みずはら》さん（水原茂《しげる》　１９６９～71年　中日の監督）に学んでるような気がする」

　星野さんがプロ入りしたときの監督が水原さんですね。

「そうなんだ。水原さんはジャイアンツの監督をやってたとき、長嶋《ながしま》さん、王《おう》さんをデビューさせたんだ。長嶋さんは四打席連続三振のデビューだし、王さんも打てなかった。それでもこいつはモノになると思いこんだらガマンして使っていく。あの思いきりのよさは中日の監督時代もあった。わしはプロ入りした年に水原さんに向かって怒鳴ったことがあるよ。新人のおれがだよ。巨人戦の９回だな。２点差ぐらいでリードしていて、王さんにヒットを打たれた。ベンチが動いてもたついてたんだ。ハラたって、投げさすんか降ろすんか、はっきりセイ！　新人投手が監督に向かっていっちゃった。続投で、長嶋さんに2ランを打たれたよ（笑）。試合後、ピッチングコーチにどやしつけられた。もうこれで使ってもらえんかなと思ったら、次の試合にまた登板命令が出た。あの人は使うと決めたら使うんだな。他の監督、たとえば川上《かわかみ》さんからは勝負に対する執着みたいなことを学んだな。V9時代の野球をこっち側から見ていたし、解説者をやっているときは同じ立場にいてそれを感じた。あのオッサン、何やらせても勝負強い。執念燃やしてくる」

星野さんにしても勝負強いでしょう。

「あの人には負ける（笑）。まぁ、冗談抜きで水原さんはえらかったよ。おれがあそこまで辛抱強く若い選手を使いきれるか。これからだな」

その選手起用がピタリと当たっていく。それがシーズンの逆転劇を生んだ。

「正直いって、こわいよ。代打を告げる、それが成功するだろ。もう一丁。それもまた当たるんだよ。〝小松崎《こまつざき》、行け〟〝（仁村《にむら》）兄貴、行け〟。それが当たる。内心、こわいくらいだけど、そんな顔は見せないよおれは」

代打起用が成功して当然だという顔ですもんね。

「信頼させるんだよ。何だかようわからんけどカンが当たるあの監督がおれを指名するんだから打てるはずだ。そう思ってくれれば勢いがつく」

ドラフトで近藤を引き当てたときも、絶対おれが引いてやるといってた。

「強がりだよ。どうなるかわからんのだから。でも、どうなるかわからんなんていっちゃいかん。欲しいんだから、取りたいんだから絶対に引くと。そういう性分なんだ」

ぼくは何度走っても、名古屋の道をおぼえられない。幹線道路がわからないのだ。こっちへ行くか、といって、監督はメルセデスのステアリングを切りつづける。こっちも、あっちも、ぼくとしてはまかせるほかはない。

星野監督は縁起をかつぐほうだ、という。

自宅からナゴヤ球場に行くルートはいくつかある。どのコースを通るか、気にかける。昼には必ず麺類《めんるい》を食べる。それもジンクスだ。遠征先で、その店でうどんを食べると勝つ、というそういう店があった。かれは勝ち続けているうちは連日、タクシーを飛ばしてその店に通う。負けると店を変える。そのうち、行く店がなくなっちゃうかもしれんといって笑う。

勝負に対する思い入れが強いからだ。過剰なほどの思いがあるから、ゲンもかつぎたくなる。淡白に勝ち負けを流すことができない。そういう監督だからこそ勝てたゲームがいくつもあるような気がする。采配で勝ったというより、ダグアウトの中の監督が発する「気合」のようなものが選手に影響を及ぼし、おのずといいほうに回転していった。そういうゲームが多かったのではないか。プレイをするのは選手たちだ。それはまちがいないのだが、このチームは監督も、もうひとつのグラウンドでじっとりと汗を流してきた。

オーケストラの指揮者みたいなものですよ。指揮台で熱演しながらオーケストラのメンバーをその気にさせてしまう。

「ふふふふ」

気分いいでしょう。指揮者は一度やるとやみつきになるといいますよ。

「まだ、やりたいことがたくさんあるからな。よくいうんだ。今年の優勝は平幕優勝だぞって」

平幕優勝ねえ、名言だなぁ。

「発展途上のチームだよ。横綱相撲がとれたわけじゃない。千代《ちよ》の富士《ふじ》みたいには強くないもんね。主砲の落合《おちあい》にしたって、もっと打っていい。それだけの力を持っているんだからね」

その落合をシーズン途中、三番に変えましたね。

「考えこんでたみたいだな。バッターボックスに入っても、ちょっと違う。肩に力が入って、深呼吸して。責任感の強い男だから打てないことを気にしていたと思うよ」

そのうち打つわ、とか軽く受け流しているように装いながら、かれも歯がゆかったと思うんですよ。

「浩二《こうじ》（山本《やまもと》）にも、ブチ（田淵幸一《たぶちこういち》）にも聞いた。打てないときってのはどういう心理なのか。落合はスタメンを外されるんじゃないかと思ってたらしい。そうじゃなく、もう一度、基本からやり直してみようと。走って、打って、ノックを受けて、泥まみれになってみよう。直接、話をしたんだ。あれだけのバッターだから配慮はするけど遠慮はしちゃいかん」

周りも、その落合を盛りたててましたね。チームの調子がよくなってきたからできたんだろうけど、いい場面でチャンスを作り、落合に打順をまわす。

「それだよ。ひとりじゃヒーローになれない。それが野球だろ。人間力だよ。ひとりひとりの力、それが結集したときの力」

それを引き出していくのが監督の役割だと。話は変わりますけど、ジャイアンツの王監督がユニフォームを脱ぎましたね。

「常勝を義務づけられているチームでファンの期待にこたえられなかった……。時代錯誤だよ。常勝を目標にするのはいい。毎年、優勝を目標にするんだと。それは当然だけれども、それにしばられたら目先の一勝のことしか考えられなくなってしまう。若いこれからの選手を思いきって使うことなんてできなくなっちゃうだろ。あのチーム、いつまでそんなことをいっとるんかね（笑）」

そして広島カープには山本浩二さんが監督に就任する。

「これはおもしろいよ。あいつのことはようわかっているから。案外、図太い勝負をしてくる男だからな。しかも、あいつは優勝を狙えるチームを任されるわけだよ。投手力はいいし、いい外人選手をどこからか連れてくるだろうし」

長いドライブになった。

野球の話をしはじめると際限がない。かれはかつて、マウンドの上で燃えつきようとした。そういうピッチャーだった。そして今は、監督として燃焼しつくそうと思っている。そういう気分が、ひしひしと伝わってくる。

どこへ向かっているのか、とぼくは聞いた。

シーズンが終わり、やっとひといきついて、自宅に戻ろうとしているのか、それともまた、球場に戻ろうとしているのか。あるいは、別のどこか、なのか。

「決まっているだろ」と監督はいった。

「来シーズンに向けてさ」

『真夜中のスポーツライター』（角川文庫）より

オールド・ボーイズ・オブ・サマー　1994（平成6）年

まだ人の気配のない外野スタンドの、そのさらに向こう側から突然、わっという喚声が聞こえてきた。

打撃練習のためにマウンドに上がり黙々とボールを投げていたピッチャーはその喚声に思わずコントロールを乱し、ケージのなかのバッターに会釈すると外野スタンドを振り返った。

開門を待ちかねていたファンが西武球場の、外野席の芝のうえを走っていくところだった。我先にとゲートを走りぬけ、自由席のいい場所を確保しようというのだ。

4月10日の土曜日、プロ野球の開幕日。天気は下り坂に向かっているという予報だったが、所沢《ところざわ》の西武球場は晴天に恵まれていた。風が吹くとまだ肌寒さを感じる季節だが、スタンドは続々と観客で埋まっていった。

福岡ダイエーホークスの新監督、根本陸夫《ねもとりくお》は、まだ西武ライオンズのバッティング練習が終わらないうちに早々と三塁側のダグアウトに姿を見せた。

ユニフォームの上にグラウンド・ジャケットを着込んでいるから背中の〈81〉という背番号は見えていない。最近の、若い大柄な選手のなかにいると満年齢で六十六歳の根本監督は小さく見えるが、長いあいだプロ野球の世界を生きてきた人らしい視線の鋭さは失われていない。

「いよいよ、開幕戦ですね」

スーツにネクタイ姿の記者が尋ねる。ふだんはラフな服装でも開幕戦だけは記者たちもネクタイを締めるというのがこの世界の慣例のようになっている。

「ミーティングでは何か話しましたか」

「何もないな」

監督の答えは素っ気なかった。久々にユニフォームを着て開幕戦を迎えている。その緊張感のせいではなかった。根本はミーティングが好きではないのだ。

ミーティング、ミーティング……。そんなことを繰り返しても野球がうまくなるわけではない。会議、打ち合わせの類《たぐ》いは歩きながらでもできる。わざわざ会議室を用意し、時間を合わせて集合しなくてもいい……。

かれはそう考えるほうだから、開幕戦が行われるこの日もユニフォーム姿の選手たちを前に訓示を垂れるようなことはしなかった。選手たちを集めたのは前の晩、宿泊先のホテルでのことだが、そのときもかれは、プロ野球選手にとってこれからが本当の「商売」だ、キャンプ、オープン戦とは違うぞと、クギを刺すように語っただけだった。

西武球場の三塁側、ヴィジターのチームが入るダグアウトに、ホークスの監督のユニフォームを着た根本陸夫が立っている。そのシーンを撮影しようというカメラマンがしきりにシャッターを切っていた。

当然のことだった。

根本は昨シーズン（1992年）まで西武球場をホームグラウンドとするライオンズの、フロントオフィスの管理部長として睨《にら》みをきかせていた。それ以前、1982年に広岡達朗《ひろおかたつろう》にバトンタッチするまでは根本自身がライオンズの監督をつとめていた。

「西武」が「クラウンライター」からライオンズを買い取ったあと、新生球団の土台を作り上げ、わずか十年のうちにライオンズの黄金時代を現出させることができたのは広岡、森《もり》という有能な現場の指揮官に恵まれたこと、選手たちが勝とうという意欲をたぎらせたことなどの理由をあげなければならないが、現場のすべてを掌握しコントロールしてきた根本の役割も見逃すことができない。フロントという裏方の仕事に回った根本はスカウト網の充実、有能なスコアラーの養成、伝統ができあがっていない球団の組織強化などにエネルギーを割いてきた。

ライオンズには根本陸夫という野球人の匂いがまだ残っている。

その球場に、かれはライバル球団の現場指揮官としてやってきているのだ。

そういった状況にふさわしいコメントを求められた根本は、おれは過去にこだわらないほうだからな、といって笑った。そして、そんなことよりもといってダグアウトを出るとスタンドを見上げた。

開幕戦を楽しみにスタジアムにやってきた野球ファンが、開幕の緊張感を漂わせながら試合前の練習に取り組む選手たちの動きを眺めている。子どもや家族連れ、カップルで野球観戦にやってきた人たちの姿が目につく。のどかなる春たけなわの、週末のお昼どきの風景である。

「久々にこうやってスタンドを見てみると野球も変わったなと思うよ」

根本監督はいった。

「野球を見にくるといっても、お客さんの意識は様々だ。野球そのものを見たいという人もいるだろうけど、最近はそれだけじゃないな。こういう場所にやってきてゲームを見ながら友達とお喋《しゃべ》りをしたいという人もいるだろうし、好きな選手の姿を見ていればそれだけで満足だという人もいる。勝ち負けだけを見にきているわけじゃない。だからよく選手にいうんだよ。グラウンドに出ればどんなときでも見られているんだぞ、とね。ダグアウトから外野までゆっくりと走っていく。そういうときだって見つめられているんだ。プロはそういう視線も意識しなければだめだ。なにげないところでも格好よくしなければ……」

開幕戦が目前に控えているのだが、根本はいよいよ始まろうとしているシーズンに対する意気込みや勝算、他チームの戦力分析を行うのではなく、もっとずっと引いた視点からプロ野球の世界を見ているようだった。ほぼ十二年ぶりに現場に復帰した監督の視野は、しばしば語られるプロ野球の「監督」のそれに比べるとユニークなまでの広さを感じさせた。

ホークスのダグアウトには開幕に特有の緊張感はなく、存外リラックスした気配が漂っていた。

やがて開幕戦のセレモニーが始まった。

外野のセンターのポジションの奥からブラスバンドが登場するとスタンドのざわめきが消えた。ライオンズ、ホークス両チームの監督、コーチ以下全選手がピッチャーズプレートを挟んで左右に整列した。

両チームの監督には花束が贈られた。

根本、森の二人の監督は帽子をとって花束を受け取ると、視線を交わさずそのまま元の位置に戻った。


西武ライオンズの屋台骨を、裏方として支えてきた根本陸夫が福岡ダイエーホークスの監督に就任するというニュースが流れたのは、92年の秋のことだった。

それ自体驚きをもって迎えられたが、実際に根本がユニフォームを着て高知で行われたキャンプに姿をあらわすと、かれはまた別の意味で球界に驚きをもたらした。

根本がユニフォームを着て最初にしたことといえば、コーチを集め、選手たちに教えすぎるなと自制を促すことだった。キャンプ期間中のトレーニング・メニューは紅白戦を中心に組む。特打ち、特守といったメニューは選手の要望が出てくるまでは行わない。

それとは対照的だったのが、根本と同じように十数年ぶりにユニフォームを着て現場に復帰した長嶋監督に率いられるジャイアンツで、宮崎のキャンプ地に行くと午前中から夕方までびっしりと練習メニューが組まれていた。守備の基本になるノックからサインプレーの徹底まで、およそ考えられるすべてのトレーニングが取り入れられたジャイアンツのキャンプは選手たちが休む暇もないくらいよく動きまわり、常に活気に満ちていた。

その宮崎を見たあとで高知市営球場のホークス・キャンプにやってきた人たちは、ほぼ例外なく、唖然《あぜん》として静かなグラウンドを見つめたものだ。ストレッチにランニング、シートノックを受けて軽いフリーバッティング。毎日行われているのは、それだけだ。紅白戦が予定されている日はまだしも、ゲームのない日はそれだけで選手たちは早々に宿舎にひきあげてしまう。

こんなことで、大丈夫なのかね。冷ややかにグラウンドを見下ろす球界の関係者もいた。チームを強化するにはもっと選手たちを鍛えなおさなければいけない、というのだ。

平然としていたのは根本監督だけだったかもしれない。

かれは顔見知りの人がキャンプを見にくると、これからの時代、一番難しいのは余暇の過ごし方だ、という話をした。

「ヨカ、ですか？」

「余った時間をどう過ごすか、だな。パチンコばかりやっているのでは能がない。時間を持て余さず、有効に使える人間じゃないと伸びないな。キャンプでの余った時間の過ごし方で、何かいいアイディアはないか？」

そういって尋ねるのである。

どこまで本気で聞かれているのか、冗談半分なのではないかと戸惑う人もいたくらいだ。根本が長年籍を置いていた西武ライオンズの野球を見てきた人は、ライオンズと比較して頭をひねった。

ライオンズは守りの野球を標榜《ひょうぼう》している。一点を守りきれる野球でなければ、シーズンの終盤になって遭遇する絶対に負けられない試合に勝つことはできない。

その思想は、特に現在の森監督の時代になってからはかたくななまでに貫かれている。そのために練習があるのだ、と森監督ならば即座にいうだろう。

ライオンズの野球といえば、まずそういうイメージが浮かびあがってくる。

根本監督のキャンプはそれとはまるで別物だったから、見る者を戸惑わせるには十分だった。

かれは、しかし、外部の評論家たちやファンを驚かせるためにユニークなキャンプを演出したのではなかった。スポーツ紙に話題を提供するためでも、もちろん、なかった。

「皆が何を不思議がっているのか、私のほうがわからない」

根本はいっていた。

「野球の基本はゲームのなかにある。自分に何が足りないのか、ゲームをやってみなければ選手にわかるはずがない。まずゲームをやって、選手が自分で自分の課題を見つけだす。それが最初の一歩だ。次にその課題に取り組んでいく。違うかね？」

かれはそういって笑った。

「監督やコーチが選手を批判したり怒鳴ったりするのは簡単なことだよ。そんなことは誰にでもできる。怒っていればいいだけなら、こんな簡単なことはない。しかし、それじゃ人は育たない。私は選手が自分で処方箋《しょほうせん》を書くだけの時間を与えようとしているんだ。自分の課題の見つけ方がわからないというなら教えるさ。あとは待つ。人間には誰にでも伸びようとする意識がある。プロの選手なら開幕までにピークにもっていこうとする意識が働く。そういうものなんだ。その意志を尊重しないのは罪悪だと思う」

根本の考え方は明快だった。

「われわれは野球人としては今の選手たちの先輩になる。いろいろな経験も積んできている。だからそれを教えればいいという人もいる。私にいわせれば、それは違う。若い人たちはたしかに経験が不足している。しかし、それは素晴らしいことなんだ。なぜなら過去の経験に縛られることがないからね。私のような年齢になるとすぐに過去から学ぼうとする。そして、経験に照らして失敗しないような、無難な答えしか出せない。それがわれわれの欠点。むしろわれわれが過去を清算しなければいけない。私はいつもそうやって生きてきたんだ。過去の実績にしがみついた人間が次の世代に向かってああしろ、こうしろというのは好かん」

話をしているうちに、根本の目が生気を帯びて光りだしてきた。

「もちろん本気だよ。私にしたってこれまでやってきたことを白紙に戻してもう一度、新しいチームでゼロからやってみようと思うから、この仕事を引き受けたんだ。おそらくラストチャンスだろうからね」

約3万6000人——

プロ野球が開幕してほぼ一か月が経過してみると、福岡ドームにおけるダイエーホークス主催ゲームの平均入場者数にそういう数字があらわれた。この数字は東京ドームをフランチャイズとする同じパ・リーグの日ハムよりも多い。一試合当たり平均3万人を動員するパ球団が他にはないから観客動員ではホークスがリーグの先頭を走っている。

数字は物語っている。

ドーム効果である。

その福岡ドームについて、ここで少し説明しておこう。

試合が予定されていない日でもここには人が集まってくる。〈ホークスタウン〉と名づけられたドーム周辺のレストランはオープンしているし、ドームのなかのバックステージツアーもある。ドームが博多《はかた》の新しい観光名所になっているわけだ。

博多湾に面した埋立地に造られた巨大なドームの総工費は760億円。ダイエーが南海ホークスを買い取った1988年11月に、ドーム球場の建設計画も発表されている。完成、竣工《しゅんこう》は1993年の4月、根本陸夫が久々に監督として公式戦のグラウンドに出る前のことだった。

全体の計画によると、ホークスタウンはまだ未完成である。ドームの西隣りでは36階建てのホテルの建設工事が始まっている。やがて、もう一つのドーム建設工事も始まるはずだ。そもそもの計画ではここにツインドームが出現することになっていた。一つはプロ野球をはじめとするスポーツやコンサートなどのイベントスペースとしてのドーム。もう一つが「ファンタジードーム」で、こちらはまだ計画の段階である。いずれにせよ、さほど遠くない将来に、ここに巨大なアミューズメントパークが出現するわけだ。

福岡ドームはダイエーのスポーツ戦略の拠点になっている。

中内切《なかうちいさお》オーナーは、流通業界になぞらえていえば球場は「商品の売り場」だと語っている。

ファンはカスタマー（顧客、消費者）。

「プロ野球」という「商品」の原材料を提供してくれるのがアマチュア球界で、球団はその原材料を加工して商品化する役割を担っていることになる。

それがダイエーという企業の基本的な考え方である。

売り場は清潔で魅力的なスペースでなければならない。また、将来を見通したうえで長期的に価値を持つ空間でなければならない。

そういう考え方からドーム球場が計画されたわけである。

屋根を開閉式にした斬新《ざんしん》なボールパーク。

膨大な投資額。

昨シーズンに比べると一試合当たり1万人以上も増えているファンの数……。

ダイエーホークスに対する期待は高まっている。

それはあらかじめ予想できたことだ。

環境の整備が進めば、ファンは次には強いチームを求める。しかも監督の根本陸夫には常勝《西武王国》の基礎を築いてきた男だというイメージがはりついている。かれならばホークスの体質改善を一気に進めてくれるのではないかという期待をファンが抱いたとしても不思議ではない。

根本はそういうチームにやってきて十数年ぶりに監督としてユニフォームを着たわけである。

かれは、しかし、積極的に動こうとはしなかった。むしろ何かをじっと待つ気配である。安易に「優勝」の二文字を口にすることもない。

開幕の対西武戦には勝ったものの、その後のホークスは敗戦が重なった。なかなか連勝できず、勝率5割のラインにたどりつかない。それでもピッチャーのローテーションは動かさず、打順もほとんど弄《いじ》らなかった。

ゲームを見ているほうは苛立《いらだ》ってくる。なんとかしたらどうだと、気の短いファンは耐えられなくなってしまうのだ。そういうときの根本監督の落ち着きぶりは特筆に値するかもしれない。かれはダグアウトの椅子やベンチを蹴飛《けと》ばすわけではなかった。どこかの監督のように選手のふがいなさを嘆き、ぼやくのでもない。

試合後には必ずゲームの感想を述べるが、苛立ちを見せることはなかった。

現代のプロ野球はメディアの存在なしには成立しない。テレビや新聞が毎日のようにプロ野球の出来事を伝え、ファンはその情報のなかで自分なりのストーリーを組み立てている。そういう状況のなかでは監督は時にチームのスポークスマンでなければならないし、レポーターたちの目の前で感情をあらわにするといった「パフォーマンス」を期待されることもある。

根本監督には、しかし、その種のエピソードがない。おそらくかれはまだ一度もロッカールームのドアを蹴飛ばしていないのではないか。

福岡ドームでは、かれはスタジアムの素晴らしさを語っていた。誰もが指摘する外野の広さや、晴れた日にはオープンエアのなかで野球ができる開閉式屋根の話ではなかった。

「スタンドを見て気づくことがないか？」

根本監督はいうのだった。

「ここは東京ドームに比べるとスタンドの勾配《こうばい》がきついんだ。グラウンドに立っている選手にとっては上から見下ろされている感じがするだろうな。逆にスタンドから見ると、このほうが立体感が出てくる。こういう球場は、日本にはあまりない。昔の難波《なんば》球場がこういう感じだったかな。最近の球場はだいたいスタンドがフラット。そういう球場では選手の動きが平面的に見える。ところが、ここは違う。立体的に見えるから、ごまかしがきかない。打球を追う外野手のスピード、スローイングの速さ、ベースランニング……。どれをとってもスタンドから立体的に、くっきりと見えてしまうから上手《うま》い下手が一目瞭然《りょうぜん》。生半可なことじゃファンを説得できない球場なんだな」

かれは野球を内側から見る目と外側から見る目と、その両方を持っている。だから野球やスタジアムを分析的に語ることができるし、その種の分析を楽しんでいる節もある。

かれにいわせると野球の要素は「野性味」と「スピード」、「知性」も必要で「けれん味」と「スマートさ」もこのスポーツには含まれているという。

また一つひとつのプレーの間で視線を外せるのも野球の特徴で、その点では流れるように進行するサッカーの対極に位置するボールゲームだ。ピッチャーが投げる一球ごとに、あるいはアウトカウントが一つ増えるたびに、またイニングが替わるところでもプレーは区切られるから、結局のところ野球は「一瞬ごとの空間の投げあい」だともいう。

そういう分析がおもしろい。

しかし、かれが分析しないものもある。

ほかならぬ自分が監督をつとめるチームだ。

これは分析するものではなく育てるものだからだろう。

やっと動きが見えてきたのは対戦するパ・リーグの五球団とのたたかいが一巡し、第二ラウンドを迎えたときのことだ。

根本はその前の晩、地元博多でコーチを集め、会食した。

前にも書いたように根本は「会議など歩きながらでもできる」という人だからあらたまったミーティングは珍しい。集まったのはヘッドコーチの小山正明《こやままさあき》、ピッチングコーチの権藤博《ごんどうひろし》、バッティングコーチの高畠康真《たかばたけやすまさ》、大田卓司《おおたたくじ》……などなどの面々である。

監督はもっぱら聞き役に回った。

コーチが選手たちをどう見ているか、長いシーズンの第一ステージが終わったところで聞いておきたかったからだ。根本は酒はほとんど飲まない。飲めないわけではないが、酒量は少ない。

その翌日からスタメンが変わった。

もっとも、その時期にチーム編成を少し動かそうというのは、あらかじめ決めていたことでもあった。

「選手がどんな可能性を持っているか、ある程度の期間やらせてみなければわからないもんだよ」

かれは試合前のダグアウトで語っていた。

「一、二試合やらせて成績が悪かった、だからこいつはダメだという見方をしてはいけない。肝心なのはそれをどうやって次のチャンスに活《い》かすか、だな。それを見るまでは、こちらがじっとしていなくては」

そのかわり、目先のゲームには目をつぶらざるをえない場合も出てくる。

そう指摘すると、監督は頷《うなず》いた。

そのあたりはじつにはっきりしている。

ある日の試合前、ベンチ入りできる選手のセレクトをしているときに根本はサウスポーの若いピッチャー、下柳剛《しもやなぎつよし》を外そう、とコーチに指示した。下柳は先発投手ではなく中継ぎ投手として使われているピッチャーだ。

しかし中継ぎのサウスポーは貴重な戦力である。左打線を並べたチームのゲーム中盤の攻撃をしのぐこともできるし、ワンポイントリリーフにも使える。多面的に起用できる投手だから、常にベンチ入りさせておきたい戦力である。そのかわり知らずしらずのうちに酷使してしまいやすい。

そのことに気づいた根本は下柳にオフを与えようとしたわけである。

「そうするとブルペンに一人も左投手がいなくなってしまいますよ」

コーチはそういって監督の注意を促した。

「わかってる。かまわんよ。外してやれ」

こういう決断は速い。

短いイニングであってもゲームで投げたときの負担は大きい。練習で連日のように１０

0球投げてもけろりとしていられるが、試合になるとわずか20～30球でも消耗することがある。ブルペンとマウンドは違うと、根本はいう。

ピッチャーを酷使してまで目先の1勝にこだわるくらいなら、そのゲームを捨てたほうがいい。なぜならば、まだ先があるからだ。ピッチャーにとっても。また、チームにとっても。根本はそういう考え方をする。今日一日の喜びのために将来を犠牲にしてはいけない——根本語録の一つである。


かれは、じつはベンチからサインらしいサインをほとんど出していない。皆無ではないが、わざわざベンチからサインを出すというケースは少ない。

それもまた、現代のプロ野球のなかではユニークだといっていいだろう。

どういう場面でヒット&ランが成立しやすいか、盗塁していい局面と待ったほうがいい状況……そんなことは子どものときから野球をやってきているプロの選手ならば教えないでもわかる、というのだ。それゆえ三塁コーチの出すサインは、本当に意味のあるサインであるときと、これといって選手に伝えるべき内容はないのだが形だけそれらしく装っているときと二通りある。

ゲームの細部は監督のものではなくむしろ突き放すように選手たちにまかされている、というべきかもしれない。

福岡ダイエーホークスの二軍監督、有本義明《ありもとよしあき》は六十歳の還暦をすぎて初めてプロのユニフォームを着た。

長期的な視野に立ったチーム作りを考えた場合、ファーム（二軍）を誰にまかせるかは重要なポイントになる。そのポジションに有本を起用したのは、もちろん、根本陸夫である。意外な人選だと驚く人もいたが、根本にしてみれば意表をついたわけでもなんでもなかった。

有本義明は〈スポニチ〉の記者として健筆をふるい、野球評論家としても活躍してきた人だ。

そもそもの野球のキャリアの始まりは終戦まもないころの兵庫県、芦屋《あしや》中学にあり、有本は昭和21年の夏、戦後第一回目の「全国中等学校野球大会」に出場している。甲子園《こうしえん》球場はアメリカ軍が占有していたため使えなかった。大会の舞台になったのは西宮《にしのみや》球場である。

甲子園のすぐ近くに住んでいたから、戦前のプロ野球、中等学校野球はよく見ていたと有本はいう。甲子園の職員とは顔なじみ。グラウンド整備を手伝うと中古のボールをもらえた。そうやってためておいたボールが、戦後まもないころの野球用具の足りないときに役立った。

初めて全国大会に出場したときは外野手。やがて学制改革が行われ、「芦屋高校」として甲子園で行われた大会に出場したときはピッチャーとしてマウンドに立っている。有本は昭和24年春の選抜大会の準優勝投手でもある。小柄だが巧みなピッチングで決勝戦まで投げぬいた、と当時の新聞には書かれている。

大学は慶應で、内野手。プロには進まなかった。そのかわりスポーツ新聞の記者になり、野球とかかわりつづけてきた。

しかし、それだけのことなら根本陸夫が有本をプロ野球のファームの監督に抜擢することはないだろう。

有本にはジャーナリストとしての顔のほかにもうひとつの顔があった。

例えばかれは二十数年にわたって社会人野球の「ホンダ技研」、「岩手銀行」といったチームのコーチをつとめてきている。また、東京六大学野球、都市対抗野球には審判として十数年かかわってきている。

「野球に関していえばプロのユニフォームを着ること以外はほとんどすべてやってきたんじゃないかな」と、有本はいう。

ユニフォームのかわりにスーツを着てネット裏から野球を見るようになっても、他方でかれは野球の現場から離れようとはしなかった。夏のグラウンドの匂いが忘れられないからだろう。そういうときの有本はジャーナリストというよりもむしろ「野球人」だった。そしてアマチュア野球の世界に深く入り込んでいったわけである。

根本陸夫は有本の「野球人」としての一面をよく知っていた。

「しかもプロの野球に染まっていないところがいい。プロのキャリアがあるとどうしても自分のキャリアに照らして若い選手を見てしまう。それで教えすぎてしまうんだ。むしろ一歩引いたところから今のファームを見てくれる人材が必要だった」

根本監督の話である。

教えすぎるよりも自分の力で伸びようとする若い選手たちの自主的な姿勢にホークスの将来の可能性を見いだそうとしている根本野球にとって、ファームの有本監督は球団のキーパースンの一人である。

有本義明は学生時代から根本陸夫を知っている。

先にも書いたように有本は慶應の野球部。根本は法政の野球部から川崎《かわさき》コロムビア、そして近鉄パールズ（後のバファローズ）へと進んでいる。

話をしたことはなかったが慶應のグラウンドがある日吉《ひよし》から東横《とうよこ》線で渋谷《しぶや》に出ると、有本はしばしば根本を見かけたという。ちょっとやくざっぽい雰囲気を漂わせ、おしゃれで人目をひく男。

「不思議な吸引力がある人です」

有本がいっていた。

「ぼくが学生時代に見た根本さんはかっこよかったし、その後、根本さんが現役を退いたあとのことですが、かれはワイシャツにブレザー、それにハンチングをかぶってスカウトをしていた。あの時代、ハンチングをかぶっていた野球人は小西得郎《こにしとくろう》さん、水原茂さん、それに根本さんの3人だけ。それがけっこう似合っていた」

根本の現役時代の成績に目立つものはない。近鉄に六年間（昭和27～32年）在籍したが、公式戦の出場は186試合だけ。ポジションはキャッチャーで、通算打率は2割に満たない。そもそもは法政の監督をしていた藤田省三《ふじたしょうぞう》氏が近鉄の監督に就任したことから根本のプロ入りは始まっている。

　藤田省三は根本にとって大きな存在で、「いわば私の野球の原点。今でも自分は藤田さんと同じことをしているのではないかと思うことがある」という。

　プロ入りしたころすでに肩を痛めていたから選手として活躍できるとは、本人も期待していなかった。ノンプロを経ていたからプロのユニフォームを着たときはすでに二十六歳。選手として試合に出るよりもブルペンでピッチャーの球を受けながらコーチの役も兼ねるという役割である。

　そのかわり根本はユニフォームを脱いでから本領を発揮する。主な仕事はスカウトと、若手の育成。アマチュア野球の世界に〈根本人脈〉と呼ばれるほどのネットワークを作りはじめたのがこのころだ。

　かれはどこへでも出掛けていった。

　ドラフト制度ができる前のことである。ジャイアンツやタイガースといった人気球団のスカウトがやってくる前に選手やその関係者たちと懇意になっておかなければいい選手を獲得できない。また、札束を積み上げて相手を説得できるほどの懐の深さが球団にあったわけでもない。緻密《ちみつ》な人間関係だけが頼りになってくる。高校野球で活躍する前、まだ中学生のころから注目しておきたい選手がいると根本はみずからボールとグラブを持ち、教えることもあった。

そういうふうにして作り上げた人間関係は今でも生きている。かれほど現在のプロ野球選手のアマチュア時代のことを知っている監督はいないだろう。甲子園で活躍したとか、都市対抗で優勝したとか、そういう話ではない。高校生のころ問題を起こしたことがあるとか、肩を痛めてしばらく投げられなかった時期がある、あるいは外野の守備でフェンスに激突し膝を痛めたことがある……といったような細かな事柄である。それぞれの地元で丹念に野球を見てきている人たちが気軽に根本に連絡をしてきて教えてくれるからだ。

かれ自身が長い時間をかけて全国を歩きまわってきた成果の一つである。

根本はスカウトとして評価されただけでなく、様々な仕事をしてきている。近鉄を離れたあと広島カープで一年コーチをつとめ、すぐに監督として抜擢される。セ・リーグはジャイアンツが黄金時代を迎えていたころだからカープを優勝させることはできなかった。

そのかわりコーチとして招いた広岡達朗などとともに弱小球団といわれたカープの若手選手たちを育てあげ〈赤ヘル〉時代の基礎固めをしている。

やがてクラウンライターライオンズの監督を要請され、その球団が西武に買い取られるとひきつづき監督をつとめながら大型トレードを断行し、チームの体質改善に目処《めど》がたつと自分はフロントに引っ込み、広岡達朗を監督に迎えて次の時代への橋渡しをした。

フロント入りした根本はユニフォームをスーツに着替えてデスクの前に坐《すわ》っていたわけではない。

むしろアマチュアの野球を見に行くことのほうが多かった、という。プロ野球にとっての人材供給源であるアマチュア野球とのパイプをさらに太くしようと再び動きはじめたわけである。

プロ野球人にとって「監督」は究極の仕事だという人もいる。双六《すごろく》でいえば「あがり」のようなもの。あとは評論家をしながら野球界のご意見番のような立場を保つ、というのがありがちなパターンだ。

根本にはそういう発想がない。かれはせわしないくらい現場を歩きつづけてきた。

地元の福岡ドームでダイエーホークスのゲームがある日、根本は朝の9時にはユニフォームに着替える。ナイトゲームの場合、選手たちが球場に集まるのは午後の2時すぎ。それでも朝の9時に根本がユニフォームに着替えるのは雁《がん》の巣《す》球場で行われているファームの練習を見に行くためだ。私服でファームのゲームや練習を見に行くのではなくわざわざユニフォームに着替えるのは根本ぐらいなものかもしれない。

「監督として選手に接するときはユニフォームを着るのが当然。私服じゃ失礼だ」というのがかれの考え方である。

ファームのチームもウエスタンリーグの試合で遠征に出ていることが多い。それでもゲームに先発したピッチャーは一足先に雁の巣に戻っているし、遠征から外れた選手たちもいるからファームの練習場がからっぽになることはない。

「一軍が福岡にいるときは、ほぼ毎日、根本さんは雁の巣に来ているんじゃないかな」

ファームの有本監督はいう。

「好きなんですよ。野球が好きだから、現場を見たくなる。そうやって午前中を過ごし、一度自宅に戻ってユニフォームを脱ぎ、それからまたドーム球場へ行ってユニフォームを着るんですからね」

ダイエーホークスはファームでも門限はない。以前はファームの試合でも罰金制度があり、ミスをすると罰金を徴収していたが、それもやめた。選手たちが萎縮《いしゅく》してしまうからだ。遠征先のホテルでの朝のモーニングコールも、全員そろっての散歩も、やめた。そこまで「プロ」の選手たちを管理すべきではない、という理由からだ。ホテルでの食事も、事情があればパスしていい。遠征で実家の近くに来たのであれば、そちらに泊まるのも構わない。ただし、外泊も食事をパスすることも事前に連絡しておくこと。そうすれば部屋をキャンセルすることができるから、経費の節約になる。

「最近はファームの選手にも運動具メーカーからバットが提供されたりする。野球道具も自分たちで選ぶのではなく、一軍なみにまとめて運送してもらえる。何もかも球団がやってくれる。自主的に何かをやろうという雰囲気が出にくい。だからよけい自分で責任をもって自己管理するという癖をつけたい」

練習を始める前にトレーニングコーチが先頭に立ち、全員一斉にストレッチングやウォームアップをするのもとりやめた。そのかわり選手たちは練習開始時間にはすぐにでもグラブを持ちグラウンドに出られるようにしていなければならない。ウォームアップは練習が始まる前にそれぞれがすませておくべきだ、というのである。

瑣末《さまつ》なことだが、そういうところからチームの体質を変えていこうというのが根本――有本ラインの考え方である。不要な管理はしないし、拘束もしない。そのかわり、自分の力でやってみろ、ということだ。

根本にしろ、有本にしろ、戦後間もない時代の、物はないのだが、自分がその気になりさえすれば自由も希望もあふれていた時代の野球を経験してきている。野球は教えてもらうものではなく、自分の才覚で身につけていくものだった。それが、かれら「オールド・ボーイ」たちの原点だった。

そう考えてみると、根本監督が野球に何を取り戻そうとしているのかが見えてきそうな気がする。

西武ライオンズにいたときから「管理」を強要したことはない、と根本監督もいう。

「清原《きよはら》がスキャンダルばかり引き起こしていたころ、これではまずいという意見が球団のなかから出てきた。私は構わない、放っておけといった。球団が小さなワクを作ってしまったらその人間の本当の中身が見えてこない。このままではまずいというのは誰にとってまずいんだ。おまえたちが誰かに叱られると、それを恐れているだけだろ。それくらいのことで人間を縛ってはいけない。私はそういって清原の件は放置させた」

「管理野球」というキーワードでくくられてしまいがちな西武ライオンズの体質と根本の思想とは一見、相いれないように見えるが、じつは根底でつながっている。そうでなければライオンズの驚異的な躍進も、また、なぜプロ野球の新興勢力であるダイエーが根本にチームの体質改善を委《ゆだ》ねたのかも見えてこない。

5月下旬、ダイエーホークスの一軍は最下位を低迷していたが、ファームはウエスタンリーグの首位を走っていた。

有本はシーズンの前半戦、テンポよく勝ち進んできたチームに関して自分が何かをしたわけではない、という。むしろ手を加えまいとしたというべきだろう、と。

「選手にアドバイスするにしても専任のコーチがいるわけですからね。コーチにそれとなくいっておく程度にしている」

ミーティングも少ない。

特に、ゲームが終わったあとのミーティングは皆無に等しい。なぜならば「試合後のミーティングは愚痴のこぼしあいになりがちだから」である。問題点はゲームをしながらでも処理できる。わざわざ試合後に蒸し返す必要はない。

このあたりはホークスの一軍を率いる根本陸夫と似ている。根本もミーティングを極力少なくしようとしている。

「最近の野球は選手たちのものではなく監督やコーチのものになっていますね」

有本がいう。

「次に何をするか、常に監督やコーチが決めている。サイン、サインでしょう。守備位置までことこまかに指示される。いろいろなチームを見ていると上（一軍）だけでなくファームでもそうですね。監督、コーチが当然のようにゲームを管理している。選手は操り人形ですよ。これではいけない。野球の原点はそんなところにはなかったはずなんですよ」

操り人形になった野球選手たちにもっと奔放で、自由な野球を取り戻させよう——明快な言葉に置き換えると、それが根本—有本ラインの基本的な姿勢である。

たしかに野球というゲームには管理者の影がつきまとっている。

プロの野球に人材を供給している高校野球がそのいい例だ。ここでは監督が一球ごとに指示を出すのが当たり前のようになっている。無走者の場面でもカウントによってはバッターに「待て」の指示が出されるし、ランナーが出ようものならバッターは相手ピッチャーの顔を見るよりも自軍のベンチにいる監督の指示を気にしなければならない。高校野球の地方大会を勝ちあがり甲子園にやってくるようなチームであればあるほど、その傾向は強い。

それくらいのことをしなければ勝てない、というのが「現場」の意見だろう。子どもたちに好きなようにさせていたらまとまるものもまとまらなくなってしまう。

だから日本の高校生の野球のレベルは高い。おそらくアメリカのハイスクールの選手たちと比べてもひけをとらないだろう。チームのまとまりはよく、フォーメーション・プレーはそつがない。バントや外角の流し打ちといった小技をやらせたら高校生のレベルでは日本にかなうところはないはずだ。

しかし、大人になったときにメジャーリーグのスーパースターになるような人材が、日本の野球風土のなかからは育ってこない。

それもまた、事実である。

なぜなのか。言葉で説明してしまえば、日本の野球選手は小さくまとまってしまうからだ、という理由がおのずと浮かびあがってくる……。

それでいいのだろうか、という思いは根本にも、ホークスのファームを見ている有本の心のなかにもある。

有本二軍監督は、若い選手たちに時折、1分間スピーチをさせている。

ふだん感じていること、考えたこと、この機会だからいいたいということを手早く、的確に伝えさせようというわけである。

「ある選手がオフの日にパチンコに行ったという話をした」

有本がいう。

「まだプロ二年目の若手ですよ。パチンコで十数万円も勝ってしまったらしい。で、そのカネをどうしたかというと、十万円を貯金した、という。そして町でモスバーガーを食べたいだけ食べ、帰ったというんですね」

その話をしながら有本は、少し哀しそうな表情を浮かべた。

何とつつましい青春だろうか、と嘆きたかったにちがいない。

遊びまくれとまではいわないが、もう少し柄の大きい自己形成の仕方があるのではないか、といいたくなってしまうのだろう。

「奔放に育ってほしいからあれもだめ、これもだめと禁止したくない。だから門限もなくした。夜間練習もやらない。存分に自分の時間を使ってみろ、というスタンスをとっている。そのかわり、何か問題を起こしてしまったときにはすぐに知らせてくれといっている。われわれはフォローしなければいけませんからね。伸び伸びとできるはずなんですよ。でも、今のところ羽目を外すようなことは起きていない……」

それを喜ぶべきなのか、哀しむべきなのか。柵《さく》を開けても牧場（ファーム）から外へ出ていかない野生馬を見ているようで情けなくなるというニュアンスも、有本の言葉からは感じられる。

どこか歯痒《はがゆ》いのである。

選手たちの意識を変えていくのは容易なことではない。

自分たちはプロとして選ばれた者なのだというプライドも、選手たちからは感じられない。それも有本にとっては不思議なことだった。

将来はプロの野球選手になりたいと、漠然とではあっても願いつつ野球に取り組んでいるプロ予備軍が、日本のアマチュア野球界には10万人ぐらいいる、といわれている。

そのなかからプロにドラフトされるのは毎年、60人程度。プロ野球の世界は、じつは稀《まれ》に見るほどの狭き門を構えている。

その関門をくぐりぬけてきた選手たちは、ユニフォームを着れば野球の「エリート」であるはずなのだが、そういう意識すら持っていない。

有本はアマチュア野球の経験しかないけれど縁あって監督としてプロのユニフォームを着ることになった。かれをファームの監督として指名した根本陸夫とは長い付き合いではあるけれど、まさか自分がプロのユニフォームを着ることになるとは考えてもいなかった、という。

だから、ユニフォームを着てくれといきなりいわれたときには思わず、耳を疑った。

「今、何いいましたん？」

「ホークスのファームの監督をやってくれといったんだ」

「…………」

有本は一瞬、言葉を失った。ファームの監督としてであれ「プロ」のユニフォームを着るということは有本にとって新鮮なショックだったのだ。

初めてホークスのユニフォームを着てグラウンドに出る朝、有本は緊張に体が震えたと語っている。2月のキャンプイン初日の朝である。かれはホテルの部屋で朝の6時には目を覚ましてしまい、早速ユニフォームに袖《そで》を通して鏡の前に立った。そしてこのままで朝食を食べに行くことはできないと気づき、着替えなおして食堂へ行き、部屋に戻ってあらためてユニフォームを着なおした。

苦笑しながらも、かれはプロのユニフォームを着る感激を味わった。

キャンプ地は四国の高知で、オープン戦が行われる時期になるとファームチームのための「ポンカン・リーグ」が始まった。まだプロの水に慣れない、新人の監督が初めて指揮をとる試合でホークスの二軍ナインは有本に白星をプレゼントした。

その試合のあとバスに乗って宿舎に戻る途中、有本はうれしさに涙を流しそうになり、思わず欠伸《あくび》をしてごまかそうとした。涙は、しかし、ごまかしようがなかった。

野球のユニフォームを着て勝利に酔う。

それはいくつになっても、どんな立場にいようとも、野球が好きな人間にとっては夢のような瞬間だ。初々しさを失っていなければ涙だって流すことができる。その喜びが、プロのユニフォームを着て間もない有本にはよくわかる。「ルーキー」は勝利の味を敏感に感じとることができるからだ。

その気持ちを原点にしながらチームを率いていけばチャンスも見えてくる。

そういう空気に包まれながら選手を育てあげ、将来につなげていこうとしている球団もある、という話である。

「何もかもすぐにできるとは思っていません。理想的なチームが一年や二年で完成するはずがないですからね。長期的な視野に立ってやっていきますよ。おそらく五年とか六年という時間を経ていい結果が見えてくるんじゃないですか」

有本はそういっていた。


いずれにせよ、ダイエーホークスというチームを引き受けた根本陸夫にとっては、チームの再建が「実験」であることは間違いない。

かれは——あえて大架裟《おおげさ》にいえば——日本の野球界がこの二十年ほどとりつかれてきた「管理症候群」から野球を引き離そうとしている。

監督、コーチの操り人形になりがちだった選手たちに自由裁量を与え、そのなかで輝いてみろ、と放任するように突き放している。

他方の目でプロ野球の現状を見れば、それだけでも十分に「実験」である。

新監督としてチームに迎えられたからにはそれなりの「結果」を残したい、つまり、ペナントレースで優勝するなり、Ａクラスに残りたいという希望は誰にもあるはずだ。監督は誰でも勝ちにいきたいものなのである。数年後のいいチームより、目前の一勝が欲しくなってもおかしくはない。

根本は、しかし、待つことが重要だという。

「ライオンズにいたころ、若手選手をどんどんアメリカのカリフォルニアリーグの１Ａクラスのチームに派遣した」

根本はいう。

「そのころのやり方は、必要なカネを持たせてあとは好きなように野球をやってこい、というものだった。いきなりアメリカ野球のなかに放りこんでしまう。生活も自分でしなければならない。苦労もするだろう。それがいいんだ。かれらの人生のなかで貴重な体験になるからね。野球の体験を積むだけじゃなく、大人になって帰ってくる。秋山《あきやま》（幸二《こうじ》、外野手）がそのいい例だった。ずいぶん成長して帰ってきたよ。システム化されるとコーチがついていくようになったり、受け入れ態勢もできてくる。スムーズになるけど体験の濃度は薄まってしまう」

マニュアル化したとたんエッセンスが消えてしまう。人を育てる、特に野球のような特殊な能力を発揮することを求められる人材を育てるには監督やコーチが考えるマニュアルだけに頼っていたのでは不十分だと、根本は感じているのだろう。放任しておいて成長するのを待つことも必要なのだ、と。

「どうせ選手を派遣するならこれをやってこい、これを覚えてこいとテーマを与えたほうがいいという意見もあった。しかし私はそうじゃないといったんだ。テーマは自分で見つけるものだ、とね。古い話をするけど、明治のころ盛んに海外へ勉強に行った先人たちはどうしてたか。とにかく何かを吸収しなければいけないと出掛けていって、そこで刺激を受け、テーマを見つけて勉強してきた。そういうやり方のほうが幹の太い人間が育つんですよ」

チームは低迷しているが、根本イズムは変わりそうにない。

〈通算５００勝〉——という数字が6月上旬のある日の新聞のスポーツ欄に紹介されていた。

福岡ダイエーホークスを率いる根本陸夫の監督としての通算勝利が５００という区切りのいい数字を通過したのだ。

根本は１９６８（昭和43）年に広島カープのコーチから監督に昇格、72年のシーズン半ばまでカープの監督をつとめた。最後のシーズン、途中で交代したのはチームの不振の責任をとったからだ。この年は阪神のプレーイングマネジャーだった村山実《むらやまみのる》も開幕早々に監督の座を明け渡し、大洋ホエールズでも別当薫《べっとうかおる》監督がシーズン半ばで休養した。「監督」にとっては受難の年であったといえるかもしれない。72年といえば、根本は四十代の半ば。まだ若い時期に苦い経験もしてきているわけである。

根本はやがて、78年に西武ライオンズの前身であるクラウンライターの監督に就任。西武時代も含めて四年間、現場で采配をふるった。ダイエーホークスの監督として現場に復帰するまでの「監督」としてのキャリアはほぼ八年半に及ぶ。

そして500の勝利が残されたわけである。この世界には通算で1000勝というレベルにまで達した監督もいるから（ちなみに十四年間、読売ジャイアンツの監督をつとめた川上哲治《てつはる》氏はレギュラーシーズンの通算勝利数だけでも1072勝）、通算500勝は大記録ではない。根本自身も、この大台を特に意識していなかった。

「長く監督をやっていればおのずと積み重なっていくものだよ」

そういって短くコメントするだけだった。

そのあたりからも根本陸夫という監督の特質が見えてくる。

かれは勝利数の多さで評価される監督ではない。

勝つことにこだわって監督をしていたら、例えば西武ライオンズの基礎固めができた段階で、かれは広岡達朗を後任の監督に招きはしなかっただろう。あのとき根本は、誰に命令されたわけでもなく自らはフロントの管理部長という裏方に退いてしまったのだ。ここから先、チームを優勝させるという仕事はおれの役目ではない、といって表舞台から姿を消してしまったのである。

チーム力は上昇してきた。このまま監督を続けていればそのうち優勝監督としてナインに胴上げされるという栄光の瞬間を経験できるかもしれない。プロ野球の監督という職業を選んだ以上、誰でもその瞬間を夢想するものだろう。しかし、根本の場合は別だった。

「チームを優勝させるにはまた別の才能が必要だ」といって自分のほうから降りてしまった。それがずるいという人もいる。肝心なところへきたところで指揮権を譲り渡し、自分は勝負の最前線から身を引いてしまったからである。

根本も、そのことについてはあえて反論しない。たしかに監督として一番しんどいところで後任にバトンタッチしてきたからだ。

「おれよりも広岡のほうが苦しかったのはたしかだろう」

かれはいう。

「勝つという最終目標にむかって急坂を上がるんだからね。たたかう集団としてチームを研ぎあげていかなければならない。カープのときもそうだよ。若い選手が育ってきて、チームは上昇気運に乗ってきた。そういうときにバトンタッチされた古葉《こば》（竹識《たけし》監督）のほうが、それ以前に基礎固めをしている監督よりずっと大変なんだ」

――それがわかったうえでバトンタッチしている。

「わかっているからこそ、というべきだろうな。そこから逃げようというんじゃない。チームをたたかう集団に育てあげる仕事と、たたかう集団を鼓舞しながらペナントをつかみとる仕事とは別物だと思う。指導者にも向き、不向きがあるからね。ここは負けられないという局面で類い稀な執念を発揮する人と、同じ局面を長い目で見ながらどうやって選手の教育、育成につなげていこうかと考えている監督がいる。私は後者のほうだ」

――自分でそう思いこんでいるだけではないですか。

「いや、単なる思い込みではない。好き嫌いでいっても私はチームをじっくりと作り上げ、育てあげていくほうが好きなんだ。表に出るよりも裏方に回るほうが向いている。だから私の仕事はビルを作るまで。完成させるまでが楽しい」

ダイエーホークスの球団代表をつとめる坂井《さかい》保之《やすゆき》は根本の仕事ぶりを「レンガを一つひとつ積み上げていくようなもの」だといっている。

「この仕事、チーム作りには王道はないんです。よそのチームのあの選手がよさそうだといっても勝手に引き抜いてくるわけにはいかない。とても素朴で、根気のいる仕事なんですよ」

坂井代表と根本監督との付き合いは古い。坂井もまた根本と同様、ホークスに来る前は西武ライオンズの球団代表として対外的な交渉にあたってきた。それ以前はライオンズの前身であるクラウンライターのフロントオフィスを取り仕切っていた。そこでも坂井は根本と一緒に仕事をしている。そのさらに前は太平洋クラブ、もっとさかのぼると坂井はロッテがオリオンズのスポンサーになって球団経営に興味を抱きはじめたころからプロ野球にかかわりはじめている。スーツを着たプロ野球人としての坂井のキャリアも長い。

二人に共通しているのは若いときにプロ野球の弱小球団の悲哀を味わっている、ということだろうか。セ・リーグの人気球団では体験できない「素朴なチーム作り」の苦労をしてきている。

「太平洋クラブにしてもクラウンライターにしても野球につぎ込める潤沢な資金があったわけではないですからね。獲得していたのはもっぱら高卒のルーキー。将来性を買うということでしたが、それは即戦力になる有望選手にはなかなか手が出せないというエキスキューズでもあった。もっと排気量の大きい選手が欲しいと、いつも監督とはそういう話をしていました。そのかわり、どうやったらいいチームが作れるか、グランドデザインだけはしっかりと立てていた。資金があればあれもできる、これもできるということですね」

やがて西武がクラウンライターの球団経営上の赤字をすべて引き受けるという形でライオンズを買収する。坂井代表も根本監督らとともに西武に移った。大胆なトレードを断行して阪神からは田淵幸一、オリオンズからは山崎裕之《やまざきひろゆき》を獲得するなどドラスティックなチーム改造に乗り出すのは、それからのことだ。

「派手なことばかりじゃなく例えばビデオによる戦力分析にしても、十分にカネをかけ人も使ってきちんと整理できるようになったのは、それ以後ですね」

坂井代表がいう。

「それまではやりたくてもできなかった。ただ対戦相手のチームのビデオ映像を集めてくるだけじゃない。それを目的別にきちっと整理、分類しておかなければ使い物にならない。

例えば鈴木啓示《すずきけいし》の一塁牽制《けんせい》をビデオでチェックしたい、というリクエストが現場のコーチから出てきたとする。いわれてから山のようなビデオをチェックしても遅い。あらかじめ使えるように分類、編集されていなければいけない。これをやるには大変な労力が必要なんです。人も機材も、それにビデオ担当のスコアラーたちの旅費もかかる。それが西武ライオンズになってからはできるようになった。今はライオンズの監督になっている森さんがコーチとして西武にやってきたときに編集されたビデオを見たがった。あとで担当者に聞いたら、あの森さんですらびっくりしていたらしい。これといって新たな注文はつけられなかったというんですからね」

坂井代表が心のなかで快哉《かいさい》を叫んだことは、いうまでもない。現代野球に何が必要なのか、かねてから考えていたことを実行に移せばベストに近いものを作れることを立証できたようなものだからだ。

それもまた積み上げてきたレンガの一つである。

そのころのことで坂井にはもう一つ、思い出がある。根本が現場からフロントに退いてきた。現場を委ねられたのは広岡監督である。広岡にはあのヤクルトスワローズを優勝させ、日本シリーズでも上田《うえだ》監督時代の阪急ブレーブスを破って日本一になったという実績がある。パ・リーグのチームを率いるのは初めてだった。

「おそらく広岡さんはパ・リーグの野球なんてちょろいと思っていたと思う。レベルはセ・リーグのほうが高いと。ところがあるとき広岡さんがいった。パ・リーグの野球には憎しみがあるね、と。おそらく本気になって向かってくる凄《すご》みのようなものを感じたんでしょう。それを聞いたときにはうれしかったですね。パの野球をわかってくれたか、と。何をやっても正当に評価されない苛立ちのようなものを、当時のパ・リーグの人間は皆持っていましたから。そういう思いが骨の髄までしみこんでいたんですよ」

日の当たらなかった時代のパ・リーグ野球をフロントから見てきた坂井はやがて上昇期のライオンズの代表もつとめた。レンガを一つひとつ積み上げていけばゼロからであっても基礎は築けるという体験をしてきているわけである。

その思いはダイエーグループが球団経営に乗り出してまだ日の浅いホークスの監督を引き受けた根本陸夫にしても同様だ。

「野球という世界で苗代を作らせたらかれの右に出るものはいないだろう」と、坂井は象徴的な言い方で今の根本の仕事を説明した。

いい米を収穫するためには欠くことのできない仕事である。

根本監督の背番号は81。これは何か新しいことを始めるときには縁起のいい数字なのだという。かつてライオンズがクラウンライターから西武へとオーナーが代わったときも、根本は81の背番号をつけている。

その番号を再び持ち出してきたのだが、プロ野球を取り囲む環境は西武ライオンズが大いなる助走をスタートさせたときとは大分変わってきている。

「このチームは鉱脈が浅いところにある」と、根本はいう。

これも現場を歩くことが好きな根本らしい言い方だろう。鉱脈が深いところにあるチームは優勝を争えるところまでもっていくのに時間がかかるが、ダイエーホークスはそうではないというのだ。すぐそこに鉱脈が見えている。いい苗代ができあがるのも、そう遠い先のことではないかもしれない。

問題はそのあとだろう。誰がかつての「広岡」の役割を演ずることになるのか。

「今度ばかりは自分がやるべきなのか……」

笑いながら根本がいった。

——ラストチャンスでもあるわけだし？

「もっともこればっかりは強運な人間が向いている仕事だからね。それに、また監督を引き受けることにしたといったら、わが家の息子がいってたよ。体をこわして迷惑かけなければいいけどな、ってね」

家庭では三十代になった二人の息子の父親でもある。しかし、その自宅にはめったに帰るチャンスがない。ホークスの地元、博多ではマンションに一人住まい。単身赴任である。酒はほとんど飲まず、朝の９時にはファームのグラウンドに顔を出す。かれこれ四十年プロ野球のなかで生きてきて、なお野球から離れられない男の素顔が、そこにはあった。

『彼らの夏、ぼくらの声』（日本文芸社）より

第2章

名投手

〈サンデー兆治〉のこと

1986（昭和61）年

新しいシーズンのプロ野球が始まって最初の日曜日だった。

その前日の土曜日、4月6日にパ・リーグのオープニングゲームが行われた。昭和60年のことだ。パ・リーグの開幕戦の話題は日ハムの十九歳のピッチャー・津野《つの》が勝利投手になったことだった。日ハムの新監督・高田繁《たかだしげる》にとっても、それは初の白星だった。十代のピッチャーが開幕投手に選ばれたのは昭和42年の鈴木啓示以来のことだというので、津野のピッチングは注目された。

対戦相手はロッテだった。ロッテは深沢《ふかざわ》を開幕投手に立てたが、打ちこまれた。

そして迎えた4月7日、日曜日の第2戦、空はどんより曇っていた。

その日、ロッテの村田《むらた》兆治《ちょうじ》が先発投手として川崎球場のマウンドにあがるのか、どうなのか、微妙なところだった。スポーツ新聞の先発予想ではロッテは仁科《にしな》が投げるのではないかと書かれていた。そう考えるのが順当といえたかもしれない。

村田の右の肘《ひじ》がどこまで元に戻っているのか、疑問だった。村田の肘のことはのちに詳しく書くが、かいつまんで説明しておくと、昭和58年の夏に村田は右肘の腱《けん》の移植手術を受けている。以後、リハビリ期間がつづき、59年のシーズンは後半になってテスト的に登板したにとどまった。五試合でわずか9イニングスを投げ、一敗という成績が残っている。

村田の手術から二年目のシーズン、ロッテの投手陣は台湾でキャンプを張った。あたたかいところで調整しようという狙いである。村田は全盛時を思わせるような速い球を投げはじめたというレポートを、しばしばテレビで見た。しかし、実際のところどうなのか。ぼくにはよくわからなかった。

オープン戦で一度、村田のピッチングを見た。3月の、冷たい風の吹く神宮《じんぐう》球場だった。村田は無理をせずに投げているようだった。このまま開幕をむかえて大丈夫なのだろうかと気になった。

オープン戦に登板した日、ロッテの袴田《はかまだ》捕手と話をする機会があった。ゲーム後、神宮球場の近くのカフェテラスで会った。

「今の時期にすればかなりいいんじゃないですか」

と、袴田は村田のピッチングについていうのだった。

「そりゃ、全盛時のようなスピードはないかもしれませんけどね、村田さんの球を受けていて手ごたえは感じますよ。去年とは格段にちがう」

開幕第2戦の先発は仁科か村田か。

ぼくは、キャンプの時から村田がずっといいつづけていたことを思い出した。「ぼくは開幕投手を狙いますよ」――村田はそういっていたのだ。そう公言することによって、自分をかりたてているのだろうとも思えた。

と同時に、なにがしかの決意も感じられた。

その開幕投手にはなれなかった。だとすればここで、第2戦で登板するのではないか。

いやな天気だった。朝から雨がパラついていた。野球ができるのかどうか、あやぶまれた。試合開始は1時半である。

それでも、日曜日のゲームのロッテの先発が村田だと発表されると、その日川崎球場にやってきたファンから拍手がわきおこった。

「サンデー兆治」の、それがデビューだった。

村田は明らかに緊張していた。表情は、ほとんど変わらなかった。それがまた、彼の緊張度の高さをうかがわせた。

１回表、日ハムのトップ・バッター島田誠《しまだまこと》にいきなり二塁打を打たれた。速球だった。スピードは申し分なかったと思う。大きくふりかぶって腰をひねりあげ、身体全体を使ってキャッチャーミットに白い球を投げこむ。それをみごとにはじきかえされた。つづくバッター、高代《たかしろ》にも打たれた。二塁打である。１点を失い、ノーアウト。それでも村田は表情を変えなかった。

「あの日はメロメロだった」

と、村田はのちに語っている。

「キャンプ、オープン戦ではそれなりに投げられたけれど、肘に対して確信が持てなかった。とにかく、いくところまでいこうと。それしかない。去年はいちおう投げることができた。今年は勝つことが目標だった。そしてマウンドにあがった――」

必要以上に緊張していたのかもしれない。

１点を失って、村田のピッチングが変わった。つづくパターソン、柏原《かしわばら》、クルーズをみごとにうちとった。

2回裏、ロッテは1点を返した。そして強い雨が降りだした。

3回表、村田はマウンドに立っていた。雨が強くなり、プレートアンパイアが一時中断を決めると村田はマウンドをきれいに足でかきならした。そして一塁側のダグアウトにひきあげた。

雨はやまなかった。

「サンデー兆治」のデビュー戦はノーゲームということになった。

「きのうは夜中の2時すぎまで眠れなかった」

と、村田はいった。

「正直いって、こんなに早く大事なゲームで投げられるようになるとは思わなかった。開幕投手を狙うといってたけど、あれはデモンストレーション。おれがそういえば、ほかのピッチャーが発奮するだろうと思ったんだ。だからね、今日はやる気だった。戦力として期待されたわけだからね。でも、こわかったよ。昔は、投げることがこわいなんて思ったことなかった。こわかったね。それに緊張してしまった」

3回表でノーゲームになってホッとしたというニュアンスもうかがわれた。と同時に、どこか物足りなさそうな声でもあった。

村田からいきなり二塁打を打った島田誠に数日後、会った。

「村田さんは久々の登板だったでしょ。だから打てたんでしょう」

と、島田誠はいうのだった。

「これからも同じような感じで打てるかどうか……。あの人の速い球、それにフォークボールはすごいですからね。あの日だって、打てそうにない球がきてましたからね」


やがて、村田は復活した。

４月７日から一週間後の４月14日の日曜日、村田は川崎球場で行われた対西武戦に先発し、９回を投げきり勝利投手になった。七本のヒットを打たれ、奪三振は８。スコアは６—２である。

村田は毎週日曜日、判で押したように登板することになった。５月26日まで、そのペースはつづいた。その次の日曜日、６月２日は登板が見送られた。疲労がたまったのかもしれない。それでも、５月26日まで、村田は投げるたびに勝利投手になった。開幕から七連勝である。

それでも彼は、こぼれるような笑顔を見せようとはしなかった。

もどかしげだった。

川崎球場のロッカールーム——。

炭火があかあかと燃えていた。寒い日だった。昭和58年の1月中旬、村田兆治は岐路に立たされていた。

その日、ぼくは村田に会いに行った。

ロッテオリオンズの自主トレが始まったところだった。

川崎球場は以前と比べてあまり変わっていない。ぼくは昭和30年代の半ばからこの球場を知っている。まだ小学校に通っていたころだが、後楽園《こうらくえん》に行くよりも近いのでプロ野球を見るならこの球場と決まっていた。

当時は大洋ホエールズが川崎球場をフランチャイズにしていた。一時期、ぼくは大洋ファンだったのである。

小さいときは、この球場が大きく感じられた。観客も、あのころのほうがはるかに多かったのではないか。川崎球場に行くには国鉄の川崎駅から歩くのだが、球場に行くときも帰り道も、歩道をたくさんの人が歩いていた記憶がある。

最近は、ぞろぞろと集団になって人々が川崎球場に向かっていくという光景を見ることがない。

ゲート横の通用門から入り正面玄関に向かう。入って右へどんどん歩いていくと突き当たりがロッテのロッカールームである。途中、左に曲がると一塁側のダグアウトに通じている。

グラウンドに出てみると、風は冷たかった。スタンドに人かげは見えない。自主トレ期間中である。

その日はIという編集者と一緒だった。Iは寒そうにダグアウトのベンチに坐《すわ》っていた。

「もうすぐ練習は終わるみたいだけど、そのあとマッサージを受けてシャワーを浴びるから、まだ時間がかかるみたいだな」

Iはそういった。

練習が終わったあと、村田にインタビューする約束になっていたのだ。だったらロッカールームで待っていようと、ぼくはいった。他球場の場合、ぼくらがロッカールームに入っていくことは禁じられている。川崎球場の場合、ロッカールームと選手たちのミーティングルーム——というほど格好いいところではないが——がほとんど一緒になっている。

古いスチール製のテーブルが置かれ、椅子がいくつか。すみにはソファがあり、選手たちの遠征用のバッグなどがところせましと積み上げられている。奥に台所があり、当番のおばちゃんがうどんを作ってくれる。それがこの球団のミーティングルームである。

ぼくらがそこに入りこんで、人待ち顔でソファに坐っていてもかまわないことになっている。そして暖をとるのが炭火なのである。

「契約問題はすっきりしたのかな」

と、Ｉとぼくは話をした。

その話を村田に聞いてみようと思っていたのだった。

昭和57年のオフ、村田とロッテの契約問題は大もめにもめた。そのシーズン、村田はいい成績を残せなかった。四勝一敗である。村田にしては信じられない成績だった。むろん理由あってのことなのだが、シーズン後半、村田と球団社長との間でトレードの話がきまりかけていた。村田は新天地で出なおしたいと考えていた。球団もそれがいいだろうという考えだった。チームを替われば、心機一転、やり直せるかもしれないと村田は考えた。

そして、それを望んだ。

そのころから村田は肘の痛みに悩まされていたのだ。原因はよくわからなかった。昭和

57年のシーズンは、5月中旬まで一軍のマウンドにあがってはいたものの、肘の痛みに耐えかねて戦列を離れた。様々な治療をこころみた。肘を休ませるのが一番だとも思われた。肘の調子は一進一退をくりかえした。

そういうこともあって、村田は新天地を求めた。球団側も、今ならトレードでいい選手をとれると判断したのかもしれない。また、そうすることが村田にとってもいいことなのだと考えたのだろう。トレードは既定の事実になった。

ところが、そのトレードにオーナーが反対した。村田はぜったい出さないというのだった。年が改まり、昭和58年になっても決着はつかなかった。そのころ村田はプロ野球選手会の会長をしていた。のちに巨人の中畑《なかはた》がつとめることになったポジションである。その選手会の会合が1月の9日にひらかれる。そのときには選手として契約をすませておかなければならないと、村田は考えていた。どのチームとも契約していない者が選手会の会長として出ていくわけにはいかない、というのが村田の考え方である。それはそれ、これはこれと分けて考えることが、村田にはできなかった。

村田にはタイムリミットがあった。

それでしぶしぶと、ロッテの契約更改をすることになった。

その数日後、ぼくは村田に会いに行ったわけだった。

村田はセ・リーグの球団へのトレードを望んでいたと伝えられていた。

「やっぱり人気のあるチームのユニフォームを一度は着てみたかったのかな」

「張本《はりもと》のように？」

「この球場は寂しすぎるからな」

「それでもフランチャイズがないよりましだよ。ロッテはついこのあいだまでジプシー球団だったんだから」

ぼくとIは、炭火に手をかざしながらそんな話をしていた。

選手がグラウンドからひきあげてきた。皆、寒そうだった。熱いうどんを注文する選手もいた。村田はもう少し待ってくれといってロッカーに消えた。

やがて村田が姿を見せたとき、もうほとんどの選手は帰ってしまっていた。村田も炭火の前に坐り、話し始めた。

「セ・リーグに行きたかったとか、そんなことじゃないんだ」

彼はいうのだった。

「ピッチャーっていうのはね……ピッチャーというのは、マウンドで倒れるまで投げつづける。最後の最後、もう体がアカンというところまで投げつづける。それが本分だと思ってる。中途半端にくすぶったまま終わりたくない。やだよ、そんなのは。もう一度、燃えたいんだ。どうしてもね。去年は肘の調子が悪くて、不本意だった。そんなときトレードの話が持ちあがった。ならば新しいところでやってやろうじゃないかと思った。一から出直してね」

「その話がひっくりかえってしまった」

「腹立ったよ。そりゃ、腹が立った。こんな球団ぶっつぶしてやろうかと思うくらい腹が立った。でもね、そのことはもういいんだよ。おれは契約したわけだし、またロッテの一員としてやることを決めたわけなんだから」

「でも、すっきりとした顔はしてないよ」

「うん、してないね。それはね……」

村田はいい澱《よど》んだ。

「いろんな人から電話をもらった。ぼくがユニフォームを脱ぐとまでいったからね。そんなことをするな、と。まだできるじゃないかと。おまえは球界の宝じゃないかと。そうまでいってくれる人がいた。うれしかったよ。これは正直な気持ちだね。もう一度やってみようと思った……」

それでも、心のどこかにわだかまりがあるようだった。

村田はいろいろな話をしてくれた。

広島の福山《ふくやま》電波工高三年のとき、オリオンズからドラフト一位で指名された。父親は大学進学をすすめた。大学で四年間野球をやってからプロ入りしてもおそくはないと。その反対をおしきってプロ入りした。昭和43年のことだ。四年間、プロでやってダメだったらあきらめると、彼は父親にいった。

プロ入り二年目に六勝、三年目に五勝、そして四年目に一二勝をあげた。

コントロールに難点があったが、村田は速いボールを投げるピッチャーだった。コントロールが悪いからキャッチャーは村田の球を受けるのをいやがった。とにかく、どこへ行くかわからないのだ。フォークボールをおぼえたことは、それをさらにひどくした。それでも彼は平然と投げつづけたという。遠慮することはなかった。おれの球を捕れないのはキャッチャーが下手だからだ、と思っていた。

小さくまとまってしまいたくなかったのだ。

そのころスピードガンはまだ開発されていなかったが、村田の速球はゆうに150㎞/h

をこえていただろう。

その速い球を武器にすること以外、彼は考えていなかった。コーナーをつくことばかり考えて、フォームが小さくなってしまうことをおそれた。ピッチャーはありったけの力をこめて速い球を投げるものだと信じていた。

それを打たれたら仕方ない。

そのうえ彼はフォークボールをおぼえたわけだった。

「あのフォークボールが決まったときは打てるもんじゃない」

と、パ・リーグのバッターが何人もいっていた。

「速球と変わらぬスピードできて、ガクンとホントに数十センチ落ちるんだから、バットに当てようがない」

フォークボールは人さし指と中指のあいだに球をはさむ。そのはさみ方は、ピッチャー一人一人に特徴がある。日本で初めてフォークボールピッチャーとして成功した杉下茂《すぎしたしげる》は、長い指を利して深々とはさみこんだ。最近のフォークピッチャーはたいてい浅くはさみこむ。速球を投げるときよりも少し深くはさみこむ程度だ。

村田はちがった。指はさほど長いほうじゃない。しかし、その指に彼は深々とボールをはさみこむ。

「その状態でボールを引っ張られても、まず外れないね。それくらいトレーニングを積んだんだ。指を開いて、しかもその指に力をつけた。ぐっとはさみこめるようにね。だから誰に引っ張られても外れない」

　そして、投げるのだ。

　こわいくらいの変化を見せる。

　村田は最多勝のタイトルをとったことがある。パ・リーグのシーズン最多奪三振投手には四度なっている。最優秀防御率投手のタイトルは二回とっている。リーグ優勝も経験し、日本一にもなった。

「二シーズン制のころはきつかった。それでなくてもロッテは移動が多かった。仙台《せんだい》、東京、大阪……いつも旅だった。ジプシー球団だったからね。おまけにダブルヘッダーが多かった。登板間隔は短い。でも、そんなことは苦にならなかった。好きで野球をやってるんだからね。めったに子どもの顔を見られないような状態がつづいたけど、仕方ないと思っていた。野球をやるっていうことはそういうことだと思っていた。そんなことはひとつもつらくはなかった……」

しかし、なのだ。

昭和58年の1月、球団との契約問題が一段落し、形のうえではすっきりしたのだが、彼はすっきりしていなかった。

わだかまりがあるようだった。

シーズンオフに身体を休めても、肘の調子がおもわしくなかったからである。

「去年（57年）は四勝しかあげられなかったからね、今シーズンは一五勝から二〇勝あげないと気がすまないな。それくらい勝たないとすっきりしない」

その時点で村田は通算一五六勝をあげていた。56年には一九勝をあげ、彼はリーグの最多勝投手になった。毎年一五勝ペースで勝ちつづけていってもおかしくはないピッチャーだった。本人もそのつもりだった。

なのに、つまずいたのだ。

そのことが本人にとって最も不愉快なことだった。もどかしかった。こんなはずではなかった。投げられない自分を想像するとたまらない気持ちになった。

だから今年は二〇勝――といったのだが、棒に振ってしまったシーズンのことを考えればそれでも物足りなかった。投げられないピッチャーは、もはやピッチャーではない。そういう時期を初めて経験した村田は、どうにもならない敗北感をいだかざるをえなかった。

そこから立ち直らなければ自分の気持ちがすっきりしない。それゆえ、なんとか自分の気持ちを鼓舞しようとするのだが、いかんせん、肘がいうことをきいてくれない。

それで村田はもどかしげに言葉をつまらせたのだ。


〈サンデー兆治〉にとっての新しいシーズンはゆっくりと動きはじめていた。

ぼくはその日、赤坂《あかさか》にあるＴＢＳのスタジオにいた。

午後１時に近くなってディレクターがあわてはじめた。村田兆治と電話連絡がつかないというのだった。ラジオのスタジオである。

その日、ぼくは電話で村田兆治と話をすることになっていた。ディレクターが〈男の三十六歳〉というテーマの番組を企画したのである。アメリカのメジャーリーグのピッチャーになろうと渡米した江夏豊《えなつゆたか》のことがテーマのひきがねになった。江夏はその時点で満年齢三十六歳。やがて三十七歳になるところだった。個人的なことを一つ付け加えれば、筆者もその年齢にさしかかっていた。村田はもうすぐ三十六歳になるはずだった。それで番組のなかで村田と電話で話をしようという段取りになっていた。村田はゲームで大阪にいっていた。

何人かのゲストが、そのテーマにコメントを寄せてくれた。記憶に残っているのは桂文《かつらぶん》珍《ちん》の話だ。

いつもにこやかにブラウン管に登場する桂文珍だが、じつは彼はどうにもならないくらい短気なのだという。まどろっこしくなると、すぐにハラが立つ。

「それではいけないと思いましてですね。どうしたらハラを立てずにすむか、ひとつ方法を考えたわけですな。会議なんかしてますやろ。アホなディレクターがおって、ムカッとハラが立つ。そういうとき、メリーさんの羊を心のなかでうたうんですワ。おだやかーに、メリーさんのひつじ、ひつじ、ひつじ……。

ところがダメですな。そのうちメリーさんのひつじの毛ぇ、刈ったろか!!　とハラが立つんですな（笑）。ひつじの首、しめたろか!!（笑）三十六になってもあきまへんな……」

二十代とちがって、三十代になってずいぶんやりたいことができるようになった。それでもハラの立つことばかりやと、桂文珍はいうのだった。彼もまた、どこかにもどかしさをかかえているのである。

そういう話をするなかで、やっと村田との電話がつながった。

短い時間しかなかった。ゆっくりと話をすることができない。それでも、印象に残る言葉があった。

「……天職ですからね。ぼくにとって投げることは天職なんですよ。だから三年間、じっとガマンすることができた。思う存分投げられるところまで待つことができた。ほかのことだったら、こんなに長く待てなかったと思いますよ。つらかったからね」

「手術が終わってからでも一年半という時間がたってますね」

「これからこの三年分を取り戻さなくちゃいけない。今年三十六歳になるけど、何かをやるのはこれからだね」

「次の登板予定はきまってる？」

「日曜日、次の日曜日だね、明後日になるはずなんだ」

正確に書くと、そういう話をしたのは4月19日のことだ。

4月7日、初登板が雨でノーゲームになると、その一週間後の日曜日、4月14日に村田は西武戦で投げ一勝目をあげたことは、先にも書いた。

そのころから村田の日曜日ごとの登板は決まっていたことになる。

三度目の登板が4月21日の日曜日だった。場所は大阪球場。対南海戦。その日も村田は完投し、二勝目をあげた。

　そして、次の日曜日、4月28日には日ハム相手に投げ、また完投で三連勝。「サンデー兆治」は大きくクローズ・アップされはじめた。


「カムバックの舞台はどこになるのかな」

「できればホームグラウンドで投げたいと思っているけど、どこになるかは今のところ全くわからない。ただ、時期としては来年の6月ごろをメドにしているんだ」

「そんなに早く？　手術から一年間は速い球を投げないほうがいいといわれているんじゃないの？」

「そうなんだ。でも、予定より少し早まりそうな気がする」

　58年の年末のことである。

　小田急線の成城学園前近くの喫茶店で村田と会った。近くに彼の自宅がある。村田は本格的なリハビリを始めたところだった。

　村田の受けた右肘の腱移植手術について説明しておこう。

　どうにもならないほどの肘の痛みを感じて以後、村田は何か所も病院をわたり歩いた。

関東労災病院、東北大学病院、鶴見《つるみ》の片山《かたやま》記念病院、中央鉄道病院、東大病院、大阪・厚生年金病院、同愛《どうあい》記念病院、九《く》段坂《だんざか》病院、順天堂大学病院……。

いずれも正確な診断を下すことができなかった。

いったい肘がどういう状態になっているのか、把握しがたかった。レントゲン撮影をすると、骨も関節も異常がないのである。なかを開いてみればすぐに痛みの原因はわかったのだろうが、そうはいかない。

野球選手は、特にピッチャーは肘にメスを入れるのをおそれるものだ。そんなことをしたら二度と投げられなくなるのではないかという恐怖心をいだいている。

やっと最近になって何人かの成功例が出ているので、メスを入れることをタブー視しなくなった。

村田よりも一か月ほど早く、ジャイアンツのピッチャー、加藤初《かとうはじめ》が右肘の血行障害の手術を受けている。右肘の血管が周囲の筋肉に圧迫されておしつぶされるようになってしまい、血が通いにくくなってしまったのだ。

加藤は東京・赤羽橋《あかばねばし》にある済生会《さいせいかい》中央病院で手術を受けた。

「ためらいはなかった。だって、手術を受けないかぎり日常生活も満足にできない状態だったからね。顔を洗おうと肘を曲げただけでズキンと痛みがくる。野球ができるできないという以前に、これはちゃんとなおさないとダメだと思った」

加藤の場合、左の太ももの血管を肘に移しかえるという手術になった。長さは20㎝ほどのものだ。一か所からそれだけの長さを切りとるわけにはいかないので7㎝ほどずつ三か所から切りとり、それを右の肘に移しかえた。

そして手術後二か月でマウンドにあがれたという。昭和58年7月のことだ。

村田は肘の痛みの原因がわからないまま58年のシーズンを迎えた。おもいきって投げられない状態が一年もつづいていた。

その原因がわかったのは、58年8月に渡米し、ロスの医者、フランク・ジョーブ博士の診断を受けたときである。

「同じケースを扱ったことがある。やはり野球のピッチャーでトミー・ジョンという。彼の場合、腱の移植手術をして立ち直った。そのケースと同じです。要するに腱が切れかけている」

「でも、腱が切れていたら投げられないでしょう」――と、村田。

「あなたはこの状態で投げていたのか？」

「投げていました」

「信じられない！　投げられる状態じゃないですよ」

ジョーブ博士は、アメリカの野球チーム、ロスアンゼルス・ドジャースの顧問ドクターもしている。スポーツ外科の権威ともいわれている医師だ。彼はすぐに手術をするといった。診断をして数日後に、手術は行われた。8月24日のことだ。村田の左手首の腱をとりだし、右の肘に移植するというものである。

手術は成功した。

しかし、長いリハビリテーションが必要だった。

その年の末、村田に会ったとき、まだ軽いキャッチボールぐらいしかできないといっていた。

「しかも、一日に15分以上投げてはいけないといわれてるんだ。ちょっとでも痛みが出たら即、中止しろといわれている。どうしてもやりすぎちゃうんだ。ちょっと調子がいいと、どれくらい投げられるかためしたくなるんだね。ためすといったって、子どもなみのキャッチボールだよ。遠投ができるわけじゃない。ピシッと決まる球を投げられるわけでもない。ほんの、かるーいキャッチボールなんだけどね」

「それがいつまでつづくわけ？」

「リハビリは何段階かにわかれてるんだ。ほぼ三か月ごとにメニューがかわっていく。全力投球ができるまで約一年はかかるだろうといわれてるんだ。それでも以前のような速い球を投げられないかもしれない。それは覚悟しておいたほうがいいといわれた」

手術後一年ということは59年の8月まではマウンドにあがれないということになる。

「でもね、6月を目標にしている。そのころまでには投げられそうな気がする」

「焦ってますね」

「かもしれないな。ふだんはやわらかいスポンジボールを握っているんだ。軟式テニス用のボールとかね。あれをつぶしちゃうことがあるんだ」

くりかえし、くりかえし、やわらかいボールを握りつづける。苛立《いらだ》ちがある。いつまでこんなことをつづけていればいいのか。思わず、力が入り、ボールを破裂させてしまう。

パーン、と。

「今日、本当に村田が投げるのか？」

ブレーブスの選手がダグアウトに集まり話をしていた。

その日もやはり日曜日で「サンデー兆治」の登板が予想されていた。

「外野をみっちり走りこんでたぜ。あれは登板する日のトレーニングじゃないよ。試合前の練習で遠投はするし、あれだけやったら、今日は投げないんじゃないかな。そろそろ、サンデー兆治の看板をおろすってことじゃないの」

たしかに村田は、入念なウォーミング・アップをしていた。

その日、村田が登板し勝利投手になれば七連勝という日だった。

最初の三連勝をすべて完投で飾った村田だったが、以後、途中でリリーフをあおぐようになった。四勝目は6回を投げた。五勝目は7回を投げたところでマウンドをおりた。六勝目は6回⅓で交代した。先発―完投はさすがにつづけられそうになかった。

週に一度の登板でも、きつかったのだ。

投げ終わったあと、肘を氷で冷やす。ゲーム中でも冷やすことがあった。炎症を防ぐためである。そして投げた翌日は、ほとんどボールを握らない。トレーニング・メニューは軽いランニングと柔軟体操程度である。一日、二日、完全に身体を休ませて、そこから再び登板日に向けて調整していく。

若いピッチャーならば、中三日、中四日の先発も可能だが、村田の場合、もう一度肘を痛めたらとりかえしのつかないことになる。

　肘が治り、再びマウンドにあがれる状態になったとき、投げる回数の少ないリリーフ投手としてカムバックするのではないかという見方もあった。本人は先発を望んだ。ロッテの稲尾《いなお》監督、佐藤《さとう》ピッチングコーチも、それに同調した。それは村田本人が希望したからというだけではない。先発投手は登板日をあらかじめ決めることができる。そのほうが、いつゲームに出ることになるかわからないリリーフ投手よりも調整しやすいということもあった。リリーフ投手として毎日のようにブルペンで肩をつくるほうが、負担が大きいのではないかと考えられたわけだ。

　にもかかわらず、疲れが出はじめていた。

　そのうえ、彼はゲーム前に、みっちりと走りこんでいた。遠投までしている。ブレーブスの選手たちが、ひょっとして今日の先発は村田ではないのではないかと思ったとしても不思議ではない。

　メンバー表が交換された。

　ロッテの先発はやはり、村田兆治だった。

公式戦で、村田が手術後初めて投げるゲームは必ず見に行こうとぼくは決めていた。手術から一年たっていない59年の5月、村田はまずファームのシートバッティングに登場した。自分のチームのファームの選手相手に投げたわけである。バッターボックスにバッターが立っているところで投げるのは、久々のことだった。

同じ5月に、イースタンリーグのゲームに先発した。

その日、グラウンドから自宅に戻る車のなかで涙がこぼれて仕方がなかったと、のちに彼は語った。

それでもすぐに一軍にあがってこなかった。ファームのゲームで何度か投げることになった。一度ゲームで投げると、回復するのに十日ほどかかった。そんな状態では一軍にあがることができないと、彼は考えた。

村田が一軍登録選手にリストアップされたのは7月30日のことだ。

さて、どういう形でカムバックのマウンドが用意されるかと、注意深くロッテ戦を追っていると、意外なところで村田が登板してしまった。舞台は札幌《さっぽろ》の円山《まるやま》球場だった。

これは見にいくことができない。

8月12日のことだった。対戦相手は西武ライオンズ。その日のゲームの9回表、最終回に村田は、じつに二年と三か月ぶりに公式戦のマウンドを踏んだ。スコアは17―1とロッテが大量点をリードしていた。村田にとってそれはテスト登板になった。

村田はライオンズ打戦を三者凡退にうちとった。

ぼくが見ることができたのは、それからまたしばらくたった9月2日の川崎球場におけるロッテ―阪急戦である。このとき、村田は最終回、敗戦処理のような形で起用された。

彼は全く、無表情だった。

球は速かった。ほとんど速球ばかりを投げていたという記憶がある。

全盛時に比べれば、どうということのないピッチングだったのかもしれない。しかしこまで投げられるようになったのかというおどろきは感じとることができた。

本人はしかし、うれしそうではなかった。

こんなことで喜んでいられないというニュアンスが漂っていた。

今でもそれは変わっていないのではないだろうか。

日曜日に投げるたびに、村田は勝利投手になった。ゲームが終わり、ユニフォームを脱いでアンダーシャツ姿になると、村田ははにかむような笑顔を見せる。ナインや担当記者たちから「ナイス・ピッチング」と声をかけられるからだ。

その瞬間、照れたように笑顔を浮かべるのだが、まだしんそこ、笑っていない。

「二〇〇勝はあげるつもりだよ」

手術をする前も、そしていちおう手術が成功し、苛立ちながらリハビリをつづけているときも、村田はそういっていた。

「リリーフなんかやりたくない。ピッチャーっていうのは先発しなくちゃダメなんだよ。先発して完投する。それで初めてプロのピッチャーといえるんだ。それしか目標にしたくない。それ以外のことなんか考えたこともないし、考えたくもない」

あのマウンドにあがって投げられればそれだけで十分なんだ、といった台詞《せりふ》が出てきてもおかしくない時期に、村田はそういいつづけてきた。

中途半端に妥協したくなかったのだろう。チームのエースとして期待されながら、ほぼ三年間——昭和57年5月に肘の痛みを感じてから60年の開幕まで——その期待にこたえることができなかった。だからといって、どんな立場でもいいから借りを返していこうというふうには、この男は考えなかった。

先発—完投できるピッチャーとしてカムバックしなければ、借りは返せないと決めていたのだろう。

そして、それだけでもまだ不満なのだ。

村田が七連勝目をあげた日、西宮球場での阪急―ロッテ戦をぼくはネット裏で見た。すぐ近くにスピードガンがセットされていた。

速球は１４０㎞／ｈをこえていた。フォークボールにも同じくらいの勢いがあった。

村田にとっては、しかし、そんなことは眼中にないようだった。

手術を受けるとき、彼はまた野球ができればいいと願ったのだと思う。

投げられるようになったとき、完投できるピッチャーとしてカムバックしたいと思ったはずである。そこまできたとき、村田は当然のように、それ以上を望んでいるのだ。それが自分に与えられた責務であるかのように、投げている。

「これが天職だと思っているからね」

という村田の言葉が、また聞こえてきそうな気がする。

野球馬鹿である。

愛すべき、野球馬鹿である。

その村田兆治の、何ものかがのりうつったかのようなピッチングは、ネット裏で見なければわからない。そこでなら、あの豪速球のうなりがきこえる。
もちろん、日曜日のスタジアムの、ネット裏である。

『野球雲の見える日』(潮出版社)より

二〇〇勝のマウンド

1985（昭和60）年

投球数――123
打者――32
打数――29
投球回――9
安打――2
四球――3
死球――0
三振――3
自責点――0

勝敗──W

その日のスコアブック、東尾修《ひがしおおさむ》投手の項目には以上のような数字が書きこまれている。（W）はW・i・nの頭文字、つまり東尾が勝利投手になったことを示している。わずか１２３球で9回を投げ切り、2安打完封。ほぼ満点のピッチングといっていいだろう。

ゲームは、対南海戦である。

場所は所沢の西武ライオンズ球場。試合開始は午後1時。終了が3時34分。84年のシーズンがまもなく終わろうとしている初秋のある日の午後、東尾投手は通算二〇〇勝を達成した。データはその日のものである。

そのシーズンが始まる前、東尾は通算一八七勝をマークしていた。とりあえずのゴールまでは、あと一三勝。

「シーズン中にそこまで到達するだろうと思っていた」

と、東尾は語っている。

一年前のシーズン、彼は一八勝をあげてパ・リーグの最多勝投手になった。ライオンズ打線の強力なバックアップもあった。今年もライオンズは優勝候補の筆頭にあげられていた。打線が昨シーズンのように好調であれば一五勝ぐらいはできるだろうと、彼は考えていた。それくらいの成績を残さなければエースとしての役割を全うしたともいえない。しかし、シーズンが始まってみると投打のバランスはうまくかみあわなかった。打の中心である大田がケガで戦列を離れ、田淵、山崎の調子もあがらない。その穴を埋めるべき若手野手も育ってこなかった。そういうチーム・コンディションの中で、東尾はマウンドにあがることになった。

そのシーズンの一二勝目、通算でいえば一九九勝目をあげたのは8月28日の対近鉄戦である。二〇〇勝まであと一勝というところまできたとき、東尾はこういっていた。

「大量点をプレゼントしてもらいたいな。ゆったりとした気分で投げたいんだ。1点、2点を争うゲームだと二〇〇勝目を味わうことができないだろ。ここまでくるのに十六年かかっているからね。いろんなことを思い出しながら投げるっていうのもいいんじゃないかと思っているんだ」

チャンスは二度あった。

最初は9月2日の対日本ハム戦。次が9月9日の対阪急戦。いずれも、東尾は勝利投手になれなかった。東尾が狙っていたのは、その阪急戦だった。1―2のスコアで敗れはしたものの、緊迫したゲームになった。その阪急戦で二〇〇勝を記録したいと、東尾は考えていた。

理由がある。東尾がドラフト指名を受けたのは昭和43年11月12日のことだ。当時の西鉄ライオンズが第一位で箕島《みのしま》高校のエース、東尾を指名した。東尾を中心とする箕島はその年の夏、甲子園に出場していた。それが箕島高校にとっては甲子園初出場だった。優勝争いにからんでくることはなかったが、東尾の投打にわたる活躍はプロのスカウトの注目を集めた。大学野球界からも誘われた。

その年のドラフトは、人材が豊富だった。これほど多くの有望選手を発掘した年はないだろう。阪神タイガースは田淵幸一を指名した。広島カープは山本浩二、東京（現・ロッテ）オリオンズは有藤道世《ありとうみちよ》、中日ドラゴンズは星野仙一……、そして阪急ブレーブスはこの年、富士鉄釜石《かまいし》の山田久志《やまだひさし》投手を一位指名している。そして六位では松下電器の福本豊《ふくもとゆたか》を指名した。

高校からいきなりプロの世界に入ることになった東尾と社会人野球を経てプロ入りした山田、福本とは年齢に若干のへだたりがある。しかし〝同期生〟であることにはかわりはなかった。

その山田はすでに二〇〇勝をマークし、福本も二〇〇〇本安打をこえている。福本は一〇〇〇盗塁という、今後誰も破れないであろう大記録も作った。

同期のライバルたちは東尾の前を走りつづけてきた。それだからこそ、阪急戦をメモリアル・ゲームにしたいと、東尾は考えたわけである。

しかし、その阪急戦、東尾は勝利投手になることができなかった。

三度目のチャンスがやってきた。

それがこの日の対南海戦である。ライオンズ打線は3回裏、東尾に3点をプレゼントした。東尾はしかし、二〇〇勝目のマウンドをじっくりと楽しむことができなかった。

東尾が語ったことがある。

「一番楽しかったのは二年前の日本シリーズのマウンドだね」と。

昭和57年の日本シリーズのことである。対戦相手は中日ドラゴンズ。西武ライオンズは対戦成績を三勝二敗とリードして第六戦をたたかうためにナゴヤ球場にのりこんだ。中日は決着を最終戦にもちこもうとしていた。その夢をライオンズ打線がいとも簡単につぶしてしまった。9—4とリードした最終回、ライオンズのマウンドを守っていたのは東尾だった。

「最後のバッターは大島《おおしま》だったと思う。ランナーが一人いたけど、ツーアウト。勝ちはきまったようなものだった。三塁側のダグアウトを見ると監督や田淵さんが、もうグラウンドに出てくる用意をしているんだ。若い選手もそうだ。すぐにでも走り出ようとしているんだね。カウントがツー・ナッシングになった。そのまま勝負しちゃおうかと思った。でもね、あのときはわざと遊んでやったんだ。おれがここでバッターをうちとらないとゲームは終わらないんだぞ、優勝も決まらないんだぞといってやりたかったね。そういう気分をずっとつづけたかった。一秒でも長く、マウンドにいたかった。楽しかったね。一球あそび球を投げて、その次の球でバッターを三振にうちとった。みんな一斉にグラウンドにとびだしてきた。あのときのマウンドほど楽しかったことはない。勝つことが決まってい て、いろんなことを考えながら、しかもいろんなものが見えた。余裕もあったし、思ったところに球がいった……」

大量点をリードして、勝利の味をかみしめながら投げる。それがピッチャーにとっては理想的なマウンドということになる。

話を戻そう。対南海戦である。

ライオンズ打線は、東尾にまず3点をプレゼントし、つづいて7回裏にも3点をプレゼントした。

しかし、東尾は緊張していた。

南海打線をノーヒット・ノーランに抑えていたからだ。

東尾は5回裏を終えたところでヒットを一本も許していないことに気づいた。これならばやれるかもしれない。二〇〇勝をノーヒット・ノーランできめる。ちらりとその可能性が見えたとき、おのずと彼は緊張した。いろいろなことを思い出しながら投げるなどという気分ではなかった。

ノーヒットは7回二死までつづいた。東尾のピッチングは完璧《かんぺき》だった。

東尾のピッチング——それは他の誰もが真似のできないものだ。

フォームは美しい。オーソドックスなフォームだ。しかし、彼のピッチングの素晴らしさはそのフォームにあるのではない。

東尾はスライダー・ピッチャーである。右バッターのアウトサイドに流れるようなスライダーを決める。その球はアウトサイドいっぱいをかすめるようにスライドしていく。そのコントロールには絶妙なものがある。

そのスライダーだけならば、東尾は一流投手の仲間入りを果たすことはできなかっただろう。

彼には、もう一つ、鋭い武器があった。

シュートボールである。なまやさしいシュートではない。右バッターの胸元をえぐるように切りこんでいく。思わず、バッターボックスを外してしまうようなシュートボール。それもまた、計算されている。デッドボールを与えやすいコースだ。それも承知のうえで東尾はきわどすぎるほどのシュートボールを投げる。思いきって、である。

それがパ・リーグの各バッターをおそれさせてきた。例えば今シーズン、パ・リーグの新人王に選ばれるブレーブスのキャッチャー・藤田《ふじた》の話を紹介してみよう。

「ぼくもやられました。シュートをぶつけられたんです。そこでひるんじゃいけないと思ったんですよ。向かっていかなければと。でも、しばらくダメでしたね。どうしても腰がひけてしまう。デッドボールからしばらくたって、この間、東尾さんからホームランを打ったんです。これでもう大丈夫だと思った。でも、ダメなんだ。スライダーに腰がにげてしまう。やられたなと思いましたね。甘いシュートを投げられただけならどうってことないですけどね、ぶつけられたわけでしょう。無意識のうちにこわがってしまうんですよ。

あれが東尾さんのすごいところですね」

東尾はいうのだ――「若い選手が力をつけてくる。そのときに一度、思いきったコースに投げる。それがぼくのピッチングですよ。基本的にぼくはスライダー・ピッチャーだから、バッターはふみこんでくることが多い。そこにシュートを投げてみたりするから当たってしまうこともある。死球は多いほうでしょうね。仕方ない。たしかに当てるのはこわいですよ。当てようと思って投げることはできない。でも、当たらないように気をつかって投げるわけにもいかない。甘い顔を見せれば、間違いなく打ちこまれる。プロの世界はそういうものです。だからぼくは思いきって投げる。あのときもそうだった……」

あのとき――と、東尾がいうのは83年の日本シリーズのことだ。

二〇〇勝という、プロのピッチャーとしての、とりあえずの到達点にたどりつこうとしていた東尾修に、深く印象に残っているゲームがいくつぐらいあるだろうかとたずねた。

東尾はちょっと考えて、こう答えるのだった。

「十数年間、投げてきたんだからいろんな思い出があるはずなんだ。でもね、二〇〇勝の一つ一つをなつかしく思い出そうという気にはならないんだ。不思議と忘れてしまっている。どのゲームがどうだったのか、忘れちゃったね」

「なぜ？」

「それはね、あの日本シリーズのせいだと思う。ジャイアンツとたたかった83年の日本シリーズ。あのときの印象が強烈なんだ。今でも克明におぼえている。忘れようとしても忘れられない。あのマウンドを経験したとき、それ以前のことはもうどうでもよくなってしまった。あの体験があまりにも強烈すぎたせいだろうね。昔のことを思い出すには、まずあの日本シリーズを思い出さなければならない。そしてね、そこですべて止まってしまうんだよ……」

それはシリーズ第七戦のことだ。

ジャイアンツVSライオンズ（西武）の初の顔合わせの日本シリーズは三勝三敗となって決着は最終戦に持ちこまれた。

東尾がマウンドに上ったのは7回表のことだ。得点は0―2でライオンズが2点のビハインド。7回表、東尾は先頭バッターの山倉《やまくら》をショートゴロにうちとるが、つづくバッター、西本《にしもと》にセンター前ヒットを打たれた。打順は一番にまわる。松本《まつもと》は一塁手のエラーで出塁。一死ランナー一、二塁となった。二番の河埜《こうの》はバント、二死、二、三塁である。つづくバッター篠塚《しのづか》にはきわどいファールがあった。カウント２―３からの六球目、東尾の外角球を篠塚は左にもっていった。三塁手の頭上をライナーでこえ、レフト線へ。その打球がほんの数十センチ、ファールラインの外側に落下した。鋭い一打だった。打球がフェアグラウンドに落ちていれば２点タイムリーになったはずである。その篠塚を、東尾は歩かせた。

二死満塁、である。

バッターボックスには四番の原《はら》が入った。

ポイントは四球目と五球目である。

カウントが２―１になったところで、東尾は原に対してシュートを投げた。それが東尾の原に対する四球目である。

そのときに投げたシュートは、まぎれもなく、東尾のシュートだった。単にインサイドをえぐるというものではない。コースはインコースの高目、顔のあたりである。

原はのけぞって、そのシュートボールをよけた。バッターボックスからとびだすようにして。そして、尻餅《しりもち》をついた。

のちに原が東尾に語った、という。シリーズが終わって二人は顔を合わせる機会があったのである。

「シュートがきたら当たってもいいと思っていたんですよ」

と、原はいった。

「胸もとのシュートだったら当たれる。そうすれば追加点が入る。3—0になるわけですね。ところが……」

当たってもいいと思っていた原ですら、当たることのできないシュートだったのだ。

東尾はいった——「あれほどきびしいシュートを投げるつもりはなかった。ただ、思いきってシュートを投げようとは決めていた。甘いコースに投げれば逆にやられてしまう」

バッターをのけぞらせようと思って内角球に投げる場合、気持ちにためらいがあると必ずコースが甘くなる、と東尾はいう。

インコースいっぱいに投げようとした場合、気持ちに甘さがあるとボールはストライクゾーンに入っていく。あるいはシュートを投げたはずなのにシンカー気味に落ちてしまうのだという。

東尾は、ホームベースの内角コーナーとバッターの膝《ひざ》のあいだを狙って投げる。

「本気で勝ちたいと思ったら、ひるんではいられない」

　東尾が語る。

「プロなんだからね。いい成績を残したい。いい金をとりたい、おいしい酒も飲みたい、いい思いもしたい。すべてを手にするのはどっちなのか。バッターなのか、おれなのか。相手にすべてをとられたくなかったら、自分がやるしかない。おれはそう思っている」

　83年の日本シリーズの第七戦7回表裏の攻防は、ターニング・ポイントだった。ジャイアンツのピッチャー西本は、その時点まで西武打線を抑えていたが、7回裏、ついにライオンズ打線につかまってしまうのだ。7回表、ジャイアンツが追加点を入れていれば、局面は変わっていた。

　そういうポイントで、東尾は、おれが勝つのか相手が勝つのかという〝岐路〟を意識した。そして、原に対してカウント2―1からきびしすぎるほどのシュートを投げた。胸元を狙ったのだが、その狙いよりもさらに危険なコースにボールは向かった。

「あれは原だからよけられたのかもしれない。反射神経のいいバッターだからね」

　それが東尾の感想だ。

気迫のこもりすぎる一球を投げてしまった東尾は、そのシリーズのあいだずっと内角球を気にしつづけていた原の反射神経に救われたといえる。何の伏線もなく投げられたシュートだったら、ぶつかっていたかもしれないのだ。

カウントは2―2となった。

ライオンズの東尾―伊東《いとう》のバッテリーは五球目にアウトサイドのスライダーを投げるべく、サインを交換した。それがピッチングの定石である。

原にもそれがわかっていたはずだ。しかし、そのスライダーを一歩踏みこんで打つことができない。その前のシュートボールの残像がイメージのなかに残っているせいだろうか。あるいはもう一球、内角球がくるかもしれないという思いがあるせいだろうか。ほぼ間違いなく外角へのスライダーがくるとわかっていても、原は打つことができなかった。

空振りの三振。そこでジャイアンツの7回表の攻撃が終わった。

そして、その裏、ライオンズは西本をとらえ、3点を奪うのだ。3―2とゲームをひっくりかえしてしまう。

そこで決着はついた。

東尾は8回、9回を無難に切り抜け、前年の日本シリーズにつづき、二年連続で優勝投手になった。

そのゲームの記憶が強すぎる。

そこには東尾のすべてが凝縮されている。そのために、東尾は二〇〇勝にいたる道のりをふりかえることができない。ほぼ一年前の西武球場におけるピッチングは、東尾の野球人生における〝真夏日〟だった。舞台の中央にいたのは、まぎれもなく、彼自身だった。他の選手は――塁上を埋めていた三人のランナーも、バッターも、守っている選手たちも、そしてダグアウトで戦況を見つめている監督も――東尾をきわだたせるための端役にしかすぎなかった。

熱い思いが、彼の心の中に残った。

いつまでも残りつづけるのはそれだけかもしれない。

「名声は蒸気のようなものだ。人気もうたかたにすぎない。金は羽根が生えたように飛び去ってしまう。たしかなものはただ一つ。人間としての選手の姿だけだ」――と、プロ・フットボールのスーパースターO・J・シンプソンがいっている。O・Jはその言葉を自分で考えたわけではない。ある晩、テレビでアイスホッケーの試合を見ていたら誰かがそういったのだ。O・Jは「椅子から腰を浮かすほどギクッとした。それ以来、その言葉が頭からこびりついて離れない」のだという。

その話は、バスケットボールのノンフィクションを書いたデヴィッド・ハルバースタムがその本『勝負の分かれ目』の冒頭に紹介している。もともとの出典は「スポーツ・イラストレイテッド」誌に書かれたポール・ジマーマンの記事である。

たしかなものは人間としての選手の姿だけだ。そして残るのは、自分はたしかになにごとかをしたのだという熱い記憶だけだろう。

東尾は、それを持つことができた。

しかし、何ごとかをなしとげたところで、つまりクライマックスの瞬間で、時間は止まってくれない。

新しいシーズンがはじまったとき、東尾はもう一度、日常にたちかえってきた。一つ一つ、石を積み上げるようにして勝ち星を増やしていく世界である。二〇〇回勝利投手になった東尾は、それ以上の回数、敗戦投手になっている。いいときもあれば悪いときもある。そのくりかえしのなかで一歩、また一歩と先へ進んでいくのが日常生活というものだ。

二〇〇勝を目前にした南海戦。ノーヒット・ノーランをつづけていた東尾がその日初めてヒットを打たれたのは７回表のことだった。

ツーアウトから、迎えたバッターは南海のナイマン。打球は、東尾のグラブをかすめてセンター前に抜けていた。

ノーヒット・ノーラン・ゲームと二〇〇勝という、十分緊張するに値するクライマックスはやってこなかった。

偉大なる瞬間は、何度もやってこない。そのことを、東尾は知っているはずだ。知っているからこそ、彼はノーヒット・ノーランの夢がついえさっても自分のペースを変えることはなかった。

２安打完封。それが二〇〇勝目の東尾のピッチングである。

「いつまでもエースでいたいと思う半面、そろそろ誰かにかわってほしいなと思うときがある。おれはもう疲れたんだといいたいときがあるんだ」

次のゴールを見つけるまで、そんな気分がつづくのかもしれない。

『空が見ていた』（角川書店）より

そして今夜もエースが笑う

1987(昭和62)年

ある投手のことをここに書いておこう。

かれは早くからその素質に注目されていた。だけれども、自分の持っているものをうまくマウンド上で表現することができなかった。

そして、ある日、かれはマウンドの上で、これかもしれないというものを見つけるのだ。

その日のことを、ぼくは書いている。


奇妙なのは、そのゲームがいよいよあと一人で終わるというところまできて、荒木《あらき》大輔《だいすけ》がふっと気の抜けたような微笑を浮かべたことだった。

そのときの、ごくわずかな表情の変化、マウンドにいるピッチャーの顔の筋肉がちょっとゆるんだということをおぼえている人など誰一人としていないだろう。

その年、プロ野球は阪神タイガースの話題でもちきりだった。二十一年ぶりのリーグ優勝、初の日本シリーズ制覇、……それに伴っていた熱気も、今はもうさめてしまっている。野球に伴うちょっとした興奮に近いあの気分を取り戻すには新しいシーズンのはじまりまで待たなければならないのかもしれない。

しかしそのなかでヤクルト・スワローズのピッチャー、荒木大輔の話を持ち出すのは必ずしも意味のないことではない。結局のところヤクルトは首位の阪神に26・５ゲームという、とんでもない差をつけられて最下位ということになったのだが、７月にファームからあがってきた荒木大輔のピッチングはなかなかに素晴らしかった。

しかも彼は、単なる入団三年目の、やっとファームから這《は》いあがってきたピッチャーではなかった。

彼は、あの荒木大輔だった。

早実《そうじつ》の一年生のときからエースとしてマウンドにあがり、ついに一度も優勝することはできなかったものの五回連続して甲子園に出場したあの荒木大輔である。

その荒木大輔のことをあらためてここに書いてみようと思い、そのときにどうしても気になってしまったのが、最初に書いた荒木の、気の抜けたような微笑なのだった。

実際に後楽園球場でそのゲームを見ていたときには、そんなことに気づきはしなかった。そう、ここに書こうとしているのは後楽園球場で行われた巨人―ヤクルト戦のことなのだ。ジャイアンツはその時点ではまだ優勝圏外に去ってはいなかった。

8月9日――後楽園にはジャイアンツ・ファンの熱気があった。この対ヤクルト戦に連敗するもののその後、ジャイアンツは七連勝し一度は首位に立つ。巨人が、本格的な弱さをさらけだすのはそのあとのことだ。

しかも、ジャイアンツの先発は江川《えがわ》だった。江川が投げるからといって、もはや何も期待してはいけないことになってはいるのだが、その六日前に甲子園で先発した江川は、あのタイガース打線を相手に一安打完封というピッチングを披露してみせたばかりだった。江川はやはり江川なのだと――結局のところ、つかの間、思わせてくれただけなのだが――あらためて江川の力が再認識されたところだった。

それは、荒木大輔がはじめて完投勝利を飾るゲームである。

スコアは4―3。荒木と投げあった江川は8回表、バッター広沢《ひろさわ》に対してカーブばかりを四球つづけて投げ、その四球目のカーブを左中間、後楽園球場のスタンドの最も深いところに運びこまれてマウンドを降りた。

荒木は投げつづけた。

「ぼくがあの場面で笑っているんだって？」

荒木大輔は首をかしげた。

「そんな余裕、なかったはずだけどな」

しかし、微笑は記録されている。

そのゲームをＴＶ中継していた日本テレビに¾インチのビデオテープが保存されていた。そのテープを、あらためて見直してみると、荒木は何を見たのか、あるいは何を思い出したのか、その場面でふっと微笑を浮かべるのだ。

９回裏のことだった。

アウトカウントは二つ。つまり、あと一人のバッターをうちとればゲームセットというわけだ。

バッターボックスに入っていたのは山倉だった。荒木とバッテリーを組み、ミットを構えていたのは八重樫《やえがし》である。八重樫は、この山倉でゲームにピリオドを打ってしまいたいと思っていた。その日の山倉のバッティングは悪くはなかった。最初のバッターボックスは3回裏にまわってきた。荒木—八重樫のバッテリーは山倉に対して執拗《しつよう》にアウトコースを攻めつづけた。その三球目の速球がやや内側に入った。カウント2—0からの三球目である。山倉はそれをライト前へもっていった。それがきっかけになって荒木は3回裏、2点を失う。4回裏に山倉がバッターボックスに立つと、荒木は最初の一球だけインサイドへシュートを投げた。あとはアウトサイドに終始した。山倉はここでもまたセンター前へヒットを打つのだが、どちらかといえばそれはラッキーなヒットである。山倉は荒木の球威に押されていた。詰まった当たりだった。それが幸いして打球はセンター前にポトリと落ちた。三度目の打席でも荒木—八重樫はアウトコースを攻めつづける。ウイニングショットは外に流れるスライダー。山倉はそれを見逃し、三振。2安打を許してはいるが、荒木は山倉に打ち込まれたという意識はない。

9回裏、二死になって山倉をバッターボックスに迎えたとき、八重樫は一球目にアウトコースのカーブを要求した。荒木はうなずいて、投げた。それが真ん中の、高目にいった。投げた瞬間にボールだとわかる球だった。山倉はバッターボックスを外した。八重樫は二球目のサインを送る。また、カーブである。荒木はうなずく。

そしてモーションを起こそうとするのだが、そのとき荒木が笑うのだ。ほんの一瞬のことだ。

当の荒木ですら、そのときのことをおぼえてはいない。

しかし、なぜ、あと一人をうちとればプロ入り初の完投勝ちというところで荒木は微笑んだのだろう。

そのゲームのことを、荒木はじつによくおぼえている。ほかならぬジャイアンツ戦で江川と投げあい、完投勝ちを収めた。プロ入り一年目に荒木は一勝をあげている。けれどもそれはやっとの思いで5回を投げ、あとを尾花《おばな》のリリーフをあおいでマークした一勝だった。以後、勝ち星はない。チームは荒木の人気による観客増を目論《もくろ》んでいたので、ファームにおとされることはなかった。その方針が変わってプロ入り三年目の3月、荒木はファームに送られた。7月に一軍にあがり、それまでとは異なる手応《てごた》えを、荒木は感じていた。その結果としてジャイアンツ戦で完投勝ちを収めようとしている。

1回の裏に、先頭バッターの松本を迎えた。その一球目から、この日の最後の一二八球目まで、荒木はついきのうの出来事であるかのようにおぼえている。

ただ一つ、記憶から抜けおちているのが、9回二死、バッター山倉に二球目を投げようとする寸前の微笑なのだ。

あと一人というところまできて、気がゆるんだのだろうか。

それとも、必要以上に荒木は緊張していたのだろうか。過度の緊張が顔の筋肉を、本人の気づかないうちに動かしてしまうということはありうる。

ぼくは荒木大輔という、若いピッチャーの幾種類かの笑顔を、思い浮かべることができる。

例えば彼がはにかんだように笑っている写真を、何度も見たことがある。なにしろ彼は高校時代、〈アイドル〉であったのだから。いたるところに荒木大輔の写真が出ていた。本人の予想以上に、彼は注目された。一年生の夏、早実は甲子園で決勝戦まで進んだ。荒木はそれ以前に、調布《ちょうふ》のリトルリーグ・チームで活躍していた。少年野球の世界大会という舞台も踏んでいる。そういう意味では、彼はしかるべき実績のある高校一年生だった。だから余計に、荒木は注目されたのだろう。最初の甲子園出場の決勝戦で荒木の早実と対戦したのは横浜《よこはま》高の愛甲《あいこう》（現・ロッテ）だった。早実は敗れるのだが、荒木の評価は高かった。以後、春のセンバツ、夏の大会と早実が甲子園にやってくるたびに、荒木はカメラマンに追いまわされた。

彼は戸惑いを隠そうとはしなかった。それがはにかむような笑顔になった。ドラフトでヤクルト・スワローズに指名され、プロ入りすると荒木の笑顔は変わった。彼はどうにも、素直に笑えないようでもあった。相変わらず、彼はどこへ行ってもカメラのレンズを向けられていたが、注目度と自分の力が比例していないことは彼自身が一番よくわかっていることだった。

荒木の笑顔は苦笑いに近いものになった。シニカルな雰囲気になった。荒木は、じつのところ根がクラいんじゃないか、という人もいた。そう思われても仕方なかった。他の若い選手のように荒木は〈破顔一笑〉という感じで笑うことができなかったのだから。

ヤクルト・スワローズの二軍監督をつとめている内藤博文《ないとうひろふみ》に話を聞くと、彼がまっさきに語ってくれたのは荒木がファームに送られてきた日のことだった。

それは今シーズンのオープン戦日程が終了した日のことだ。その数日後にペナントレースが始まるというところで荒木はファームに送られた。

「よろしくお願いします」

と、荒木は内藤監督にあいさつにきた。内藤監督は、これから自分もコーチも一緒になってキミを見ていくことになるといった。ただ、教える側ばかりが一所懸命になってもどうにもならない、あくまでキミ自身がやる気になって取り組んでもらわなければダメだ、と。そして、自分の意見があったらどんどんいってくれとも付け加えた。意見でなくてもいい、野球以外のプライベートなことでもかまわない、どんどんしゃべってくれ——。

するとと荒木はこういうのだった。

「意見をいっていいんですか？」

当たり前じゃないか、と内藤監督はいう。そして、なぜ自分のことを話さないのかと聞くと、荒木は答えた——「いや、そんなこと今までいったことがないですからね」

その言葉が、ぼくにはとてもアイロニカルに聞こえてくる。自分の意見などいったこともないというのは、いえるようなチーム環境じゃないじゃないですかと、遠まわしに皮肉をいっているような気もするのだ。だとしても、荒木にはせいぜいのところ、皮肉しかいえなかったという弱さが露呈されるのだが。

それがファーム生活のスタートだった。

スワローズのファームの練習場は埼玉県戸田《とだ》市にある、荒川《あらかわ》の河川敷を利用したグラウンドだ。合宿所もその近くにある。神宮球場でゲームがある日、荒木はその合宿所から通っていた。最寄りの駅は京浜東北《けいひんとうほく》線の蕨《わらび》。そこから電車を乗りつぎ、神宮へやってくる。

ファーム生活が始まると、その電車通勤がなくなった。そのかわり、以前よりもハードなトレーニングに明け暮れることになった。

荒木のファーム生活は、ほぼ三か月間つづいた。

ヤクルトのファームには石岡康三《いしおかこうぞう》、神部年男《かんべとしお》（昨年限りで退団）、二人のピッチングコーチがいた。

まず、フォームが矯正された。

「荒木には、左の腰がひけるというくせがあった。それが一番気になっていたんだ」

石岡コーチはいうのだった。

「踏み出した側の腰がひけてしまうから、どうしても左足が突っ張って上体だけで投げることになる。問題はそれをどうするかということだった……」

キャッチボール、シャドウピッチング、マウンドでのピッチング——そのすべてをVTRに撮り、荒木に見せた。ウイークポイントを明らかにしておいて、それを直すためにマウンドの上から投げるのではなく、マウンドのやや後方、低いところから投げるという練習法をとり入れた。こうすると、左足を思いきり踏みこまないと投げられない。それをつづけることによって左の腰がひけるという弱点を克服させようとしたわけだった。

「もともと、腕の振りにセンスを感じさせるものがあった」

これは誰もが指摘することだ。ピッチングのうまさもある。

走り込みは、ほぼ毎日、つづけられた。平均すると一日、約10㎞。それもまた蓄積となった。

荒木を蘇生《そせい》させるためのプロジェクトがあったと考えたほうがいいだろう。一軍のゲームで投げて経験を積ませながら育てるという方法は、とりあえず失敗した。ファームでもう一度、荒木をみがきあげることになったのだ。若い選手たちを育てるのを本職としているファームのコーチにもプライドはある。一軍でダメだったといわれて送り込まれた選手を一人前に仕上げれば、ひそかに快哉《かいさい》を叫ぶこともできる。また、荒木は何としてでも育てあげなければならない選手だった。ドラフト一位指名の投手育成に、ことごとく失敗しているのが、このチームだったからだ。もう失敗は許されない。

荒木はファームで六勝一敗の成績を残している。勝ち星が多いのは、それだけ登板回数が多かったこととも関係がある。しかも、先発させたら何点とられようとも完投させるというのが、ファームの監督、コーチのたてた基本方針だった。

「ひどいゲームもあった」

と、荒木はいう。

「10点もとられたゲームがあるんだ。調子はよくない。球は走らない。変化球の切れもない。早く代えてくれないかなと、それればかり考えてました。でも、代えてくれない。先発したら最後まで投げるんだ、途中で絶対に代えない、だからそのつもりで投げろといわれてました。でも10失点ですよ。いくらなんでも代えられると思った。ところがベンチを見ても、監督、コーチが動く気配がない。とうとう最後まで投げた。そして勝利投手ですよ。味方が11点をとってくれた。11—10。目茶苦茶なゲームだった」

ファームのゲームで勝利投手になると監督賞が出ることもある。イースタンリーグの地方巡業。ジャイアンツとのゲームだと、二軍戦とはいえ観客がかなり集まる。そういうとき、金一封が出るわけだ。ただし、中身は一万円。それ以上のことはない。ゲームが終わったあと、移動のバスの中で、封筒の中身をたしかめる。いつもより多目に入っているはずはないのだが、たしかめる。その金で、仲間と飲みに出かける。居酒屋で飲むのが精一杯の金額だ。

それはそれで楽しいのだけれど、一日も早くファームから抜けだしたい。地方遠征に出たときの旅館のめしもまずいと、荒木はいった。おまけに練習もきつい。何もいいことはない——。

8月9日のゲーム。

1回裏、先頭バッターの松本に対するピッチングで、荒木はジャイアンツ・ナインをおどろかせた。

後楽園球場には、まだ十分に西日が残っていた。トワイライトタイムだ。

荒木はシュートと速球で松本をカウント2—0に追いこんだ。そして三球目、松本は尻もちをついて荒木の速球をよけた。明らかに、狙った一球だった。

思いきって胸もとをえぐるつもりだったと、その日のゲームが終わったあと、荒木はいっている。それがやや高目にいった。ちょうど松本の頭のあたりに。でも、それが結果的にはよかったみたいですねと、荒木はつけ加えた。淡々とした口調だった。松本はセカンドフライに倒れた。2回の裏、原辰徳《たつのり》がバッターボックスに立つと、二球目に荒木はまたその球を投げた。原はバッターボックスであわてふためき、腰をおとしてかろうじてその球をかわした。そして、苦笑しながら荒木をにらんだ。荒木は表情を変えなかった。

おそれずにインサイドいっぱいをつけと、土橋《どばし》監督も一軍の安田《やすだ》ピッチングコーチもいっていた。コントロールが甘くなり、真ん中寄りに入れば打たれてしまう。逆に手もとが狂えば、死球になる。バッターの内角をえぐる球は、コントロールに自信がなければ投げられない。

ファームのゲームで六勝をあげるなかで、荒木は幾度もその球を投げている。

「あそこに投げなければ勝てないんだと、そのことはくりかえしいった」

と石岡コーチがいう。そして、荒木は思いきった内角球を投げられるピッチャーになっていた。そのことが、データとしてジャイアンツのファームから一軍のベンチには伝わっていなかったのだろう。

荒木は1、2回に松本、そして原に投げたわずか二球でゲームの主導権を握ったかのごとくだった。

「はじめからあの球を投げるつもりだった。予定どおりです。こわいとは思わなかった。以前からそうなんだ。荒木なんてメじゃないといわれていたけど、ぼくはマウンドに立っているときに、気おくれを感じたことはなかった。高校を出て、いきなりプロのマウンドにあがったピッチャーだったけど、ゲームが始まれば一対一の勝負。キャリアなんか関係ないと思っていた。ただ、ぼくがそういうつもりで投げていることがバッターには伝わっていなかったみたいだけどね」

それをあからさまにしてみせたとき、セ・リーグの各バッターは目の色を変えたわけだった。

まず、ジャイアンツが手こずった。あのダイスケ君に、である。

それを見て、荒木は笑ったのだろうか。

9回二死までできてジャイアンツ打線はおれをマウンドからひきずりおろすことができないではないか、たいしたことないな……そういう笑いだったのだろうか。

無意識のうちに、荒木は笑っている。

もうゲームが終わってしまったかのような、ふと気の抜ける、それでいて屈託のない笑顔だ。

ここでぼくはもう一つ、荒木の笑顔について思い出せることがある。それは1982年の夏の甲子園、準々決勝のことで、荒木の早実は池田《いけだ》高と対戦した。

接戦が予想されたが、ゲームが始まってみると大差がついた。荒木は打ちこまれた。最終的なスコアは2―14という大差がついてしまうゲームである。荒木にとっては甲子園での最後のゲームになりそうな気配だった。池田打線に面白いように打ち込まれる荒木。その表情を見てみたいと思い、ぼくはネット裏で双眼鏡を構えた。荒木は淡々とした表情だった。無表情に近いといってもいいのだが、そのなかで一、二度ふっと笑みを浮かべる瞬間があった。

負けてはいたが、これでやっと高校野球から解放されるという思いが荒木のなかに芽ばえたのかもしれないと、ぼくはそのときは理解した。

今考えてみると、そう単純なことでもなさそうな気がする。あのときもまた、荒木は無意識のうちに笑っているのだ。あの瞬間、自分が見えたのではないだろうか。今、投げて打ちこまれているこれが自分なのだ、と。なんだ、そういうことだったのかと思ったとき、人はふっと笑うことができる。

それから、ほぼ三年がたった夏、荒木は後楽園球場のマウンドで初の完投勝ちを目前にして、自分でもそれと気づかない笑顔を見せた。

局面は異なるが、感じたことは同じだ。これがおれなんだと。おれって、なかなかのもんじゃないかと、今度は思うことができる。

それがこの三年間、一〇代の後半から二〇代のはじめにかけての三年間に荒木大輔が得たことのすべてではないだろうか。

笑ったあと、荒木が山倉に対して投げたボールは外れた。これでカウント０—２。そのあとさらに荒木は、二つつづけてボールを投げた。ストレートの四球だ。

三塁側のスワローズ・ベンチから安田ピッチングコーチが飛びだしてきた。あと一人なんだから、落ち着いていこうと、それだけのことをいいにコーチがやってきた。内野手もマウンドに集まってきた。そこで荒木はあからさまに、うんざりした表情を見せる。わかったから早くそれぞれのポジションに戻ってくれという顔だ。

「うん、そのことはおぼえている」

荒木はいった。

「マウンドに誰かがやってくるのは嫌いなんだ、昔からそうなんだ。早く帰ってほしいといつも思っている」

荒木は助けなど必要としていなかった。

その日、最後のバッターになったのは岡崎《おかざき》だった。岡崎はライトに大きなファールを打ちあげたが、結局、セカンドゴロに終わった。

荒木の最後の一球はフォークボールだった。完璧には落ちきらない、シンカー気味に流れて落ちていくフォークボールである。

曲がりながら落ちる奇妙なフォークボールを投げたとき、荒木大輔は一つ、曲がり角をまわった。

『そして今夜もエースが笑う』（角川書店）より

第3章

強打者

アウトコース

1983（昭和58）年

野球に関して好きな話が、いくつかある。

例えばこれは、ちょっと昔のアメリカ野球の話だ。とてつもなく足の速いキャッチャーがいてね——と始まるやつがある。

ある日、バッターが一、二塁間のゴロを打った。一塁手は打球を追って走る。ピッチャーがベースカバーに入るところだ。ところが、一塁手がかろうじてその打球をつかむと、ピッチャーはまだマウンドにいた。彼はヒットを打たれたと思ってマウンドから動こうともしなかったのだ。それでもバッターは一塁でアウトになった。なぜかって？　キャッチャーがバッターより先に一塁ベースに辿《たど》りつき、一塁手からの送球を受けたからさ。

「あんなに足の速いキャッチャーはそれ以後お目にかかったことがないね」

そんな話を“A Season in the Sun”という本の中でアーティ・ウィルソンがスポーツ・ライターのロジャー・カーンに向かって語っている。

余談になるけれど、この本は日本ではなぜか『輝けるアメリカ野球』というタイトルで翻訳されている。ケチをつける気はないが、これはメイン・タイトルにすべきではなく、あくまでサブ・タイトルにしておくべきだと、ぼくは思う。同じロジャー・カーンには“The Boys of Summer”という本がある。直訳すれば「夏の少年たち」となってしまうが、これはかつてニューヨークにあったブルックリン・ドジャース（今のLAドジャースの前身）の名選手たちのその後の人生をフォローしたものだ。同時にそれは1950年代のニューヨークに対するノスタルジーにもなっている。“Summer”あるいは“in the Sun”というニュアンスがなぜ野球につくのか、ぼくは詳《つまび》らかには知らないが、野球がそもそも夏のスポーツであることと無関係ではないだろう。ともあれ、ぼくはロジャー・カーンの本のタイトルのつけ方が好きだ。“The Boys of Summer”のほうはまだ翻訳されていない。が、いつか訳が出ることがあればそのタイトルに気をつかってほしいなと、思ってみたりする。

話を戻そう。

アーティ・ウィルソンはニグロ・リーグ（というのが昔はあった）から戦後メジャー・

リーグに入ってきた名選手だ。同じようにニグロ・リーグからメジャー入りした選手の中には例えばサッチェル・ペイジというピッチャーがいる。ユニークなピッチャーだった。黒人選手がメジャー・リーガーとしてプレイできるようになったとき、サッチェル・ペイジは五十歳をこえていた。それでもペイジはスカウトされ、かなりの働きをした。そのサッチェル・ペイジの思い出話がある。

「ジョッシュ・ギブソンというバッターがピッツバーグで行われた試合でホームランを打ったんだ」というのだ。打球はスタンドをこえてはるか東の空へ飛んでいった。翌日、ギブソンはフィラデルフィアで試合に出た。すると相手チームのセンターが突然、バックし始めボールをキャッチした。審判は、そこでギブソンにいった――。

「昨日のホームランは取り消しだ」

残念ながら昔の話だから、もう記録は残ってないかもしれない――と最後に一言つけ加えられるお話なのだけれど、アメリカ野球の気分が伝わってくるようで面白い。

前置きが長くなってしまった。

ぼくはロッテオリオンズの落合博満《おちあいひろみつ》の話を書こうとしているのだ。

アメリカ野球の話を先に書いたのは、日本でいえばセ・リーグよりもパ・リーグの野球のほうが、アメリカ野球に近いものを持っているのではないかと思われるからだ。もちろん、アメリカ野球といってもいろいろなタイプがある。巨人がかつて、そのきめ細かさを学んだのはＬＡドジャースからだった。そうではない、あらっぽい野球も、もちろんアメリカにはある。パ・リーグ野球とイメージの地下水脈でつながっているのはちょっと前の、アメリカ野球かもしれない。

巨人軍のユニフォームを着る者は紳士でなければならない、という戒めがある。それが圧倒的多数のファンを集めているジャイアンツ野球を象徴している。ブロンクスの動物園にいてもおかしくないような荒々しさを持った男たちが血眼になって一個の白球を追いかけるところに野球の面白さがあることは、ジャイアンツ野球を見ていたのではわかりにくい。

プロ野球の伝説は、何本ものＣＦに登場した選手ではなく、ユニークなキャラクターで一時代を走り抜けていく選手から生まれるものだ。そう思いたい。

落合博満のバッティングは、一度は見る価値がある。

ネット裏の、やや高いあたりか、一塁側の席がいいだろう。ぼくは何度か、アウトコースの変化球を落合のバットが絶妙のタイミングで捉《とら》え、打球がライトスタンドにとびこんでいくのを見たことがある。ストレート、カーブ、スライダー……球種に関係ない。アウトコースにきた球を、アッパー・スイングで、払うようにバットを振ると打球はピンポン球のように高々と弧を描き、あるいはラインドライブで右中間へ飛んでいく。

もちろん、アウトコースしか打てないわけじゃない。落合は81年、82年と2シーズンつづけてリーディング・ヒッターのタイトルをとっているし、82年はホームラン、打点の部門でもトップに立った。つまり、三冠王だ。決定的なウィーク・ポイントを持っているバッターなら、三冠を手にすることはできない。インコースのシュートボールを、つまりながらも三遊間へ持っていくテクニックも、落合は持っている。しかし、ぼくは、落合は真ん中から外側、つまりアウトコースのバッターであると、思うことにしている。

82年の夏の終わりだったと思う。野球のシーズンが幕を閉じるにはまだ間があったが、ぼくは落合が三冠王をとるのではないかと勝手に思いこんで早目のアポイントをとって会いに行った。

「アウトコースの話を聞きたいと思ったんだ」

ぼくはいった。

「それは野球のアウトコースのことかい？　それとも人生のアウトコースのこと？」

落合はそういってニヤリと笑った。

「ぼくは落合博満という男がジャイアンツ・ファンであった時期は一度もないと思っているよ」

そんな会話から始まったことをおぼえている。

落合の語ったことを書き記してみよう。

「知ってると思うけど、おれは一度も甲子園に行ったことはないんだ。高校野球の話だよ。野球は嫌いじゃなかったし、それなりの選手としてやることはやってた。練習を除けばね。甲子園に出るのが夢じゃなかったのかって？　おれにとって、夢はむしろ映画館にあったような気がするな。学校さぼって、練習もさぼって映画ばっかり見てたからね。年間、百本近く見てたんじゃないかな。何度も見たのが『マイ・フェア・レディ』。朝一番に映画館にとびこんで最後まで見てたんだ。それを七回ぐらいやったからね。合計すれば二十回以上見てるんじゃないかな」

「アッパー・スイングっていうのは子供の時分に野球をやってるときにおぼえたんだろう

ね。

小さいとき、田舎で育ったからね。野球の道具が揃っていていつでもできるっていう話じゃないんだ。テニスの軟式のボールがあるでしょ。あれを投げて打っていた。あのボールはいくらでも変化するんだ。投げた奴だって、どう変化するかわからない。手もとにくるのをひきつけて、思いきりすくいあげる。遠くまで打つにはそれしかない。それでクセがついたのかもしれないな。三角ベースでおぼえたワザだな。

中学に入ってからもそうだね。雨の時、体育館で野球しようとするでしょ。雨天練習場なんてないから、そこでもやっぱりスポンジ・ボールでやるわけ。フニャフニャのテニスボールだね。ずっとそんなことやってたな。

高校時代もそうだね。監督はそのフォームを直せともいわなかった。三年の夏の大会かな。地区大会のある試合で監督が怒り出してね。もう知らん、お前ら勝手にやれっていうわけ。それじゃってんで勝手にやったら同点に追いついた。監督がそこで色気を出した。負けましたね、その結果。そういうチームでしたよ。

大学（東洋大）へ進んで、そこでも野球をやったけど、すぐにやめてしまった。ケガしたせいもあるけど、大学の野球部というところが、おれの体質に合わなかった。嫌いでしたね……。田舎へ帰ってふらふらしてた。工事現場のアルバイトをしたり。ボウリングの腕もあげたな。アベレージで200点ぐらいコンスタントに出してた。プロになるかなと思ったりしたけど、あれはプロになっても食えないだろう。

……二年間、そんなふうだったんだ。野球なんて全然、やっていなかった。何も考えていなかったね。それから東芝府中《ふちゅう》に入ったんだ。野球再開だね。よかったと思ってる。いろんな人と接することができたからね。それとおカネのありがた味がわかった。

東芝府中で野球だけやってたわけじゃない。発電所に納める制御盤を作ってたんだ。同じ職場に、十代後半のやつもいれば、五十代の人もいる。世間には、いろんな人間が生きてるんだってことを知ったんだ。それがよかったと思う」

ノンプロで、落合は光り始めた。突然、ではない。東芝府中には四年間、在籍した。そこで活躍するまでは、プロのスカウトも、落合の力に気づかなかった。

77年の秋、阪神のスカウトが落合を見にきた。落合はいった。ドラフトで指名してくれればどこへでも行くよ。阪神は指名しなかった。78年秋、十球団のスカウトがやってきた。落合はまたいった。おれはどこへでも行く、と。

そして、落合を指名したのがロッテだった。

「正直いって不安もあった。もう二十五歳だったからね。プロ入りするにはおそい年齢だよ。でも、チャンスはつかむほかないんだ。だれのでもない、おれの人生なんだから。やりたいようにやる。そう決めた。おれを買ってくれるところがあるんだ。やらなきゃウソだよ。自分の生き方に、後悔したくなかったんだ」

アウトコースのきわどいところを歩いてきた。スピン・アウトしたっておかしくない場面もあったはずだ。しかし、不思議にこの男は三振をしない。フンテンポ、タイミングがおくれたかなと思うあたりでバットを出す。その瞬間の、スイングの速さが身上だ。投げられた球を払うように、打つ。気がついたら落合は、ロッテの四番打者の座につき、三冠王のタイトルまでものにしている。

日ハムの江夏が「落合っていう奴はわからん」といっていた。

「あいつはバッター・ボックスに入るとピッチャーの投球コンビネーションを読んでくるはずなんだ。そういうタイプだと思う。ところが、思わぬところでバットを出してくる。スコンと打たれることがあるんや。で、聞いたことがある。なんであの球を打てたんや? と。あいつはこういうとった、だっておれ、何も考えとらんからね。真顔でそういうから、わからなくなる」

趣味、特にナシ。酒、かなり飲める話になっているが、じつはさほど飲むわけじゃない。クルマにも、感動的なほど興味を示さない。ゲームが終わると、遠征先ならばホテルに戻り、しばらくは呆然《ぼうぜん》としてベッドに横たわっているという。何かを考えているわけじゃないさ。本人はそういう。ただじーっとしていればいいんだ。ボリュームをしぼったテレビがチカチカと見えていたりして、でも、それを見ているわけじゃない。何もしていない。そういう時間が嫌いじゃないね……。

ロッテというチームに執着してるわけじゃない。どこだっていいんだよ。ほかのチームに行けといわれりゃ、いつだって行くよ。ホントに、おれはどこだっていいのさ。それもまた落合の口グセの一つだ。

どこへ行ったって一人前以上の仕事をしてみせるという自信のあらわれでもあるけれど、それだけじゃない。彼はいつか、どこかで一度、自分を放りなげてしまったことがあるのではないか。どうだっていいのさ、と。だから世間も自分も、野球をも、冷たく見つめているもう一つの目が彼自身の中に棲《す》んでいる。

アウトコースの球を、うるさそうに払い打つバッティングを見ていて、ふとそんなふうに思ったことがある。

「アウトコースばかり打って4割を打ちそこねたバッターがいたんだよ。あるシーズンの最後だった。あと1本ヒットを打てば4割というところで、そいつは内角の絶好球を見逃したんだ。もう昔の話だけどね……」

そんな話を書いてみたい気がする。

『ナックル・ボールを風に』（筑摩書房）より

田淵の夏の終わり

1995（平成7）年

藤井勇《ふじいいさむ》は——最近では野球ファンの記憶に蘇《よみがえ》ることはなくなってしまったが——日本のプロ野球の公式戦で初めてホームランを打ったバッターである。

甲子園球場は大正13（１９２４）年に造られたもので、外野を使ってラグビーの試合もできるように設計されたから、サイズは今では考えられないほど大きかった。

両翼の１１０ｍ、センターの１１９ｍはいいとしても、左中間、右中間が１２８ｍと異様に深く、ホームランが出るような球場ではなかった。

その甲子園では主に学生野球が行われ、来日したアメリカチームも試合をしているが、最もサイズの大きかった甲子園球場ではスタンド入りのホームランは一本も記録されていない。

昭和11年になって職業野球のリーグ戦が始まったころも、甲子園はまだビッグサイズのままである。外野スタンドを改築して両翼を91m、センター、右中間、左中間とも119mにするのはその年の夏のことで、春のリーグ戦で藤井勇が打ったホームランも柵《さく》越えではなくランニング・ホームランだった。プロ野球第1号のホームランは広すぎた甲子園の外野フィールドを転々と転がっていったわけである。

ちなみに、改築した甲子園球場も他の球場に比べればまだ広く、1947（昭和22）年になって両翼にラッキーゾーンが設けられることになった。

ところで、藤井勇のことだが、今、こうして書いている1973（昭和48）年の時点でも、かれがプロ野球第1号のホームランを記録したバッターであることを知っている野球ファンはだんだんと少なくなりつつあった。

かれはタイガース草創期の選手の一人だったが、年齢も五十代の半ばになり、この時点では阪神タイガースのバッティングコーチをつとめている。

話は少し横道に逸《そ》れるのだが、かれの野球のキャリアもまた興味深い。

入団したのは昭和11年のこと。鳥取生まれの、朴訥《ぼくとつ》という言葉がぴったりの選手だったと、タイガース関連の資料には出てくる。

同じ年に、同年齢の山口政信《やまぐちまさのぶ》という選手がタイガースに入団している。二人とも旧制中学を出たばかりの若手である。この二人が対照的だった。

「……打撃人としては問題なく藤井に軍配があがるが、人気度にしぼるとどうであったか。これは文句なしに山口が藤井を凌駕《りょうが》していた。素朴で地味な人柄の藤井に比べ、山口は地元大阪出身の地の利に加え、スリムな体型にハンサム。さらにいうならプレーにイナセなツヤがあった。一見、やや崩れた感じのふてぶてしさも、多くのファンを引きつける要素であったといえよう……」(『阪神タイガース昭和のあゆみ』より)

左投げ左打ちの藤井も、バッティングフォームのいい中距離打者。しかし自分をアピールするのは下手だったのだろう。人気の点では山口政信に負けてしまうのである。

その藤井勇は、戦後になるといくつものチームを転々とするようになる。

「パシフィック」「太陽ロビンス」「大洋ホエールズ」。

打率はコンスタントに二割七分から九分を打っている。長打力はないが、バッティングに関しては職人的なうまさがあったことが、残された記録のなかからは見えてくる。

素朴で地味な人柄といわれたが、このころにはチームのキャプテンをつとめるようになり、やがて助監督、監督にもなる。

かれらしさがうかがわれるのは、例えば1954(昭和29)年のシーズンだ。

この年の「大洋松竹ロビンス」(ホエールズの前身である)の選手登録を見ると、藤井は主将と助監督を兼ねている。

背番号は3。かれは二割六分四厘の打率を残し、一五本のホームランを記録している。選手としてフル回転のシーズンだったことがわかるだろう。ロビンスで、かれ以上の成績を残しているバッターは、この年、青田昇《あおたのぼる》しかいない。

そのうえ、かれは主将で助監督でもあったのだ。

この時代のプロ野球は、コーチの数が少ない。

ロビンスを例にとると、1954年の場合、監督、二軍監督がそれぞれ一人ずつ、そのほかにはコーチとして登録されているのは一人だけである。どこも似たようなもので、あのジャイアンツですら水原茂監督以下、選手兼任の助監督が二人いるが、コーチは三人だけ。チームは少人数で運営されていたわけである。

藤井のように主将で助監督となれば、監督と選手たちのパイプ役として、あらゆる局面で重宝されたはずである。選手としてやらなければいけないことがあり、たまには若手のバッティングも見なければいけない。

現場の意向を監督に伝え、監督の方針を現場に浸透させるのもかれの役割のひとつだっただろうと思う。

面倒な役割である。

しかし、それを厭《いと》わないところが藤井勇という野球人にはあったわけである。口数は少ないが、人がよくて素朴で地味。チームにはいなくては困る類《たぐ》いの人である。

その藤井が助監督ではなく監督になるときがやってくる。

１９５５（昭和30）年のことだ。球団名はロビンスではなく大洋ホエールズである。

このころのホエールズは絵に描いたような弱小球団で、シーズンが終わってみると首位に40～50ゲームも引き離されているようなチームだった。そんなチームをまかされたものの、シーズンが終わってみれば31勝99敗という成績で、当然のように最下位。藤井は引き続き監督をつとめたが、そのかわり監督の上に総監督がやってくることになった。

実質的には降格である。

試行錯誤というべきか、単なる混乱期だったのか、この時代のプロ野球は監督、コーチの在り方に関しては様々な試みをしているわけである。

総監督がいなくなると、藤井は監督として前面に出るのではなく、今度はコーチになった。自分は監督の器ではない、と考えていたのかもしれない。打撃コーチのほうが性に合っていると自分だけでなく周囲もそんな評価を下していたのだろう。

そのうちにフロントに入り、スカウトも経験。二軍の監督としてユニフォームも着ている。

プロ野球の草創期から1960年代にかけて、いくつもの球団を歩きながら幅広い経験を積んだ藤井のような人も、プロ野球界にはいたわけである。

その藤井勇のことを紹介しておこうと思ったのは、じつは田淵幸一のことを書こうとしていたからだ。

田淵が阪神タイガースに入団するのは1968（昭和43）年の末のこと。

法政大学のスラッガー。

かれは神宮球場で通算二二本のホームランを打ち、東京六大学野球の記録を書き換えた。ポジションは捕手。すらりとした長身のキャッチャーで、ホームランバッター。それだけでも、かれは日本の野球の質を変えるに十分な逸材だった。

キャッチャーで四番を打つスラッガーといえばパ・リーグの南海ホークスに野村克也《のむらかつや》がいたが、野村が十代のうちにテスト生としてプロ入りしたのに対して田淵は東京六大学野球という、いわばエリートコースを歩んでプロ入りした期待の星である。

田淵はジャイアンツ入りを望んでいたが、ドラフト会議でかれを指名したのは阪神タイガースだった。そのことで悩むのだが、田淵は入団を拒否するようなことはなかった。決断すれば、その時点でわだかまりは捨ててしまうというのが、かれの性格である。

その田淵幸一がプロ入り二年目のシーズンに出会うのが、阪神タイガースにコーチとして復帰してきた藤井勇だった。

田淵は一年目、１９６９年のシーズンに背番号と同じ二二本のホームランを打ち、セ・リーグの新人王に選ばれた。間違いなくこれからの時代のプロ野球を背負っていく選手だと絶賛されていたが、田淵本人はしかとした手応《てごた》えを感じていたわけではなかった。このままで大丈夫なのかと、かれはどちらかといえばまだ不安をかかえていた。

特にショックだったのは、開幕戦、初めてプロ野球の公式戦のバッターボックスに立ったときのことだ。

マウンド上には大洋ホエールズの平松政次《ひらまつまさじ》投手がいた。

プロ入り三年目の、速球とシュートに鋭い切れ味を見せはじめていたころの平松である。田淵はその日、スタメンで起用されたのではなく、ピッチャー江夏にかわるピンチヒッターとしてだった。

ボールが見えなかったと、田淵は、そのときのことをしばしば語っている。

プロ入りしてまだ数か月。キャンプ、オープン戦ではピッチャーの投げてくる球が見えないなどということはなかったのだが、開幕投手が公式戦で投げる球はまた別物だったわけだ。

たったの三球で、田淵は平松に三振に討ちとられている。

「その日は宿舎に帰り、このままではまずいなと考え込んだ。できることはバットの振りを速くすること。そのためにはスタンスを変えなければいけない。右肘《ひじ》を上げてバットを高いところで構えていたのを下に下ろすことにした。それまでは大きく構えていても速い球についていくことができた。でもこれからはそういうわけにはいかないだろう。右の脇を閉じるようにして肘の位置を下げた。そういった対応は素早かったと思う。だめだと思ったらすぐに次の方法を考える。そういうときに、従来のやり方にいつまでもこだわっているほうじゃないからね……」

すぐに対応したから、翌日の開幕第二戦で田淵は早くもプロ入り第1号のホームランを打っている。

シーズンを終えれば二二本のホームランも打てた。

新人王にも選ばれた。

しかし、打率は二割二分六厘で、ヒットの数は八一本しかない。キャッチャーとしてマスクをかぶったのは八〇試合だけ。

本人にしてみれば到底満足できるような数字ではなかったのだ。

そんなときに打撃コーチとして藤井勇がタイガースに復帰してきたわけである。


藤井は、これはと思うバッターには丁寧につきあった。性急に結果を求めるのではなく、じっくりとバッティングを見ていくというコーチである。

かれはトスバッティングよりもティーバッティングを好んだ。ボールをティーの上に置き、それを打たせていくのである。

トスバッティングは、トスを投げる人とバッターのあいだで一定のリズムができあがる。餅《もち》をつく人と水をやる人のような関係だ。バッターはトスが上がってくるリズムをつかむと、そのテンポに合わせてタイミングをつかみ、バットを出していく。体を振りながら、そのリズムでトスバッティングをこなしてしまうのである。

ティーの上にボールを置くと、そういうわけにはいかない。

リズムで打つのではなく、一球一球スタンスを確認し、スイングをたしかめながらバットを出していくことになる。軽快さはないが、こちらのほうが自分なりのスイングを身につけるには向いている。

藤井はそういうバッティングコーチだった。

新しいバッティング理論を考えだし、それを売り出すというようなことは苦手だったが、こつこつと、じっくり選手を育てるのは上手だった。

田淵は、自分のバッティングは誰かに教わったものではないという。

高校生のころ、夏の合宿で熱を出して寝込んだ。数日練習を休み、久々にグラウンドに出たとき、打球が面白いように飛んだ。田淵は正確に覚えているわけではないのだが、フリーバッティングのピッチャーをつとめた仲間は一九本つづけて柵越えのホームランを打ったと興奮したようにまくしたてた。

自分の打球が飛ぶのだと意識するようになったのは、それからのことだ。

基本はスイングの大きさ、速さにある。

外角低目の速球をバットにのせ、レフトスタンドまで運んでいくようなバッティングだ。これは教わってできる類いのものではない。

しかし、藤井コーチのアドバイスはなくてはならないものだった。

藤井はいつも、いいときの田淵のバッティングフォームを連続写真で撮影したものを持っていた。

それを見ればバッティングの原点に立ち返れるという写真である。

スランプがやってくると、藤井はその写真を手に田淵とフォームのチェックを始める。

どこがおかしくなっているか、そのポイントを指摘してくれるわけである。

写真を見なくても藤井の頭のなかには田淵のバッティングフォームが刷り込まれているから、正確なアドバイスができた。

その関係は、長いことつづいた。

田淵はやがてトレードされ西武ライオンズに移籍する。

藤井は、もはや直接田淵のバッティングをチェックする立場にはないのだが、テレビなどを見ていて田淵のバッティングが原点からずれてきていることがわかると、わざわざ田淵に会いにいき、例の連続写真を示しながら、今はここのポイントがずれていると、具体的に指摘するのである。

それくらい熱心なコーチがいたことは、プロ入りしてやっと一年、まだ本物の自信をつけていない田淵にとって重要だった。

大物ルーキーといわれて入団した田淵にはプレッシャーもかかっていた。

どれだけ打てるのか見せてもらおうじゃないかという視線が、かれにはまとわりついてくる。

プロ入り二年目には頭にデッドボールを受け、数か月、戦列を離れなければならなかった。夏のさなか、広島カープとの試合である。

相手のピッチャーは外木場《そとこば》投手。

その場に倒れた田淵は即座に病院に運びこまれた。鼓膜は破れ、その内側にまでダメージが広がっていた。切開手術をすべきか、どうなのか、医師は迷ったといわれている。手術をすれば、もはや野球どころではなくなってしまう。結局のところ大掛かりな手術はせず、時間をかけて回復を待つという方法がとられることになった。耳当てのついたヘルメットがプロ野球界にも導入されるのが、この田淵の死球以後のことだから、関係者に与えたショックがどれだけ大きかったかわかるだろう。

そのアクシデントもあって、二年目の田淵は八九試合しか出場していない。

不本意なシーズンだった。

その翌年、プロ入り三年目も、田淵はじつは公式戦の八〇試合に出場しているだけだ。デッドボールの後遺症もあったし、キャッチャーのポジションを辻恭彦《つじやすひこ》に奪われ、自分は外野か一塁を守ることが多かった。そのほうが田淵のバッティングをいかせるのではないかと、当時の村山監督は考えたのだが、田淵にしてみればかえって中途半端なことになり、バッティングにも集中ができなくなっていた。

そういう時期が、あのホームランバッター田淵にもあったわけである。


大きな弧を描く、滞空時間の長いホームラン。

それが田淵の打球の特徴だった。ライナーでスタンドに突き刺さるのではなく、空に高々と舞いあがった打球は放物線を描き、ゆっくりと外野スタンドに舞い降りてくる。

グリップエンドいっぱいのところを握ったバットのスイングは大きく、田淵は振り切ったあとのフォロースルーでバットを虚空に投げ上げることがあった。バットにボールをのせ、そのまま外野席まで運んでいってしまうようなスイングである。その流れのなかで、バットも同じように空中に舞ってしまう。

それが田淵のバッティングであり、それまでのホームラン打者とは違った特徴だった。ゆったりと、自然なフォームで構え、大きなスイングでボールを遠くまで運んでしまう。田淵のバッティングは力強さよりも、むしろ優雅さを感じさせることがあった。そういうバッターがいつの時代にもいるわけじゃない。かれは、十分に個性的なバッターだった。

その田淵らしさが発揮されるのは、プロ入り四年目あたりからだろう。デッドボールの後遺症も癒《い》え、このシーズンにはキャッチャーとして一一四試合にマスクをかぶっている。ホームランは三四本。バッティングフォームも固まってきた。

かれがコーチの藤井と話していたのは、いかにボールを前で叩《たた》くか、ということだった。そのためにはポイントを前に置くだけではだめで、ボールがベースの上を通過するときにはすでに手首が返っていなければならない。それが前で叩くということで、そのためにはボールの見きわめとスイングの速さが要求されてくる。

グリップの位置、ステップしながら出ていく左足、左肩の開き……。

チェックポイントはいくつもあった。

それを丹念にやっておかないと、あの優雅なバッティングフォームからフェンス越えのホームランは生まれないのである。

特に、左肩の開きは重要なポイントだった。

バットスイングに力を与えるには体の軸がしっかりしていなければならない。そのためには、バットがボールをとらえるまでは体が開いてはいけない。ピッチャーから見て、バットが打者の左肩に隠れるくらいがちょうどいい、と田淵はいわれていた。そのくらい左肩を内側に入れ、両脇を締めてバットを出していくのだ。

それが、あの滞空時間の長い田淵特有のホームランを生みだしていたわけである。

のんびりとした風貌《ふうぼう》、ふだんの茫洋《ぼうよう》たる態度から、田淵はなにごとにおいても大ざっぱなところがあるといわれていたが、じつはそうではなく、バッティングに関してはデリケートなほど気をつかっていた。

ことにジャイアンツとの試合になると、かれはナーバスになった。

試合前夜は翌日の先発投手との対戦を考え、眠れなくなるのが常だった。

ピッチャーがどうやって攻めてくるか、あらゆる可能性を考えているうちに白々と夜が明けてきたりするのだ。

三連戦が始まる前の晩だけではない。

眠れぬうちに朝がきて、すこしうとうととしたと思ったら、もう起きる時間。いつものように球場へ行き、試合を終えて戻ってくると、もう翌日のジャイアンツ戦のことで頭がいっぱいになってしまう。

そんな中で考えたシーンなのか、それとも夢に見たものなのか、実際の試合のなかで既視感がやってくることもあった。このシーン、どこかで見たことがあるぞ。それが本当ならここでおれはホームランを打つのだが……。すると実際にホームランが飛び出したりするわけである。

デジャヴュ、である。

スラッガーは、ジャイアンツ戦になると思いつめるように集中力を高めていた。

当然のように、他球団との対戦よりもいい成績が残った。しかしその半面、ジャイアンツとの三連戦が終わったあと、ぐったりと疲れが出るのもまた、いつものことだった。かれは、しかし、自分のなかにあるそういう一面を見せたり語ったりするのを嫌った。人に指摘されるのも嫌いだった。

そういう意味ではバッターの成長を自分の手柄にしたりはしない藤井は田淵にとって二

人といないコーチだったのかもしれない。世話になったコーチの名前をあげるとすれば、真っ先に藤井さんの名前が出てくる、あの人は「師」ですから、と田淵はいうのだ。

１９７３年は、その田淵にとって初めて「優勝」が見えてきたシーズンだった。プロ入り五年目を迎え、自信もついてきた。

ジャイアンツ戦になるとひときわいいプレーを見せるのが常だったが、このシーズンはまた特別だった。

ホームランだけを見てもわかる。田淵の、このシーズンのホームランは三七本。ジャイアンツの王貞治《さだはる》が三冠王になるシーズンだから田淵は無冠だが、決して悪い成績ではなかった。

その三七本のホームランのうち、じつに一六本がジャイアンツ戦で打ったものだったというデータをあげればこのシーズンの田淵の姿がおぼろげながらでも見えてくるだろう。

とくに序盤戦がすさまじい。

開幕の対ヤクルト、そのあとの対広島戦ではまったく当たりの出なかった田淵が、その直後、後楽園球場に遠征してジャイアンツ戦を迎えると別人のように打ちはじめるのだ。

三連戦の緒戦でまずシーズンの1号。翌日の第二戦で2号。さらにその翌日の第三戦では3、4、5号と一試合で三本のホームランを打つ。

それから二週間後の5月初旬、今度は甲子園球場にジャイアンツを迎えると、ここでもまた田淵は一試合で三本のホームランを打つのである。

ピッチャーはいずれも高橋善正《たかはしよしまさ》。ゲームはジャイアンツが大量点を奪い、そのまま逃げ切るという展開。そのため、高橋は田淵に三本のホームランを打たれながらも勝利投手になった。打たれたのは失投が2球、あとの1球は打たれるはずがないシュートだった、と高橋は語っている。よほど自信をもって投げこんだ内角球だったのだろう。

その翌日、田淵は、第一打席で高橋一三《たかはしかずみ》からまたレフトスタンドにホームラン。前夜から数えれば四打席連続、開幕以来のジャイアンツ戦では五試合連続、しかもその五試合で九本ものホームランを打った計算になるから、この季節、たしかに田淵はヒーローだった。

バッティングの調子が極端に落ち込むようなときを除けば、田淵は監督やコーチから口うるさくいわれることはなかった。

監督の金田《かねだ》正泰《まさやす》はエースの江夏豊とのコミュニケーションギャップに悩むが、チームのもう一人の中心選手、田淵とのあいだには同じような問題は起きなかった。田淵自身、マイペースでやらせてくれれば不満はいわないという性格である。構われるより放っておかれたほうがいいのだ。

かれはチームの四番バッターであると同時に、ゲームの要《かなめ》であるキャッチャーをつとめている。ゲームの組み立てには欠くことのできない存在だ。しかし、当時のタイガースはまだデータを分析し、それにもとづいてピッチングの組み立てを考えるというような野球はしていない。

試合前のミーティングはバッテリーが中心になっていた。その日の先発投手と、大雑把な打ち合わせをするわけである。

心配するのはバッテリー間のサインを盗まれないようにすることぐらいだった。サイン盗みは、この数年後に各チームで本格化するのだが、田淵自身、キャッチャーをやりながらすでにスパイ合戦が始まっていることを意識しないわけにはいかなかった。

例えば、ピッチャーの古沢憲司《ふるさわけんじ》とバッテリーを組んだときのことだ。古沢はナイターになるとサインが見にくいといっていた。キャッチャーが指先で示すサインが、グラブのかげになりはっきりと見えなくなってしまうのだ。そのため田淵は、右手の指先に絆創膏《ばんそうこう》を巻くようにしていた。真っ白な絆創膏を指先に巻いてサインを出せば、マウンドからもはっきりと見える。

ところが、そのサインが読解されているとしか思えないことがあった。どこからかサインをチェックされてしまうわけである。

疑われたのは、ネット裏の視線だった。ネット裏に陣取ったスコアラーが、キャッチャー田淵の尻《しり》の下から見えてくる絆創膏を巻いた指を見てバッテリー間のサインを読んでいた可能性がある。とするならば、白い絆創膏はピッチャーだけでなく、相手チームのスコアラーまで助けてしまったことになる。指に絆創膏を巻くのは取りやめになった。

そういうことが話題になりはじめた時期だから、田淵はバッテリー間のサインの交換には気をつかった。しかし、それでもジャイアンツに比べれば、ゲームのなかで使われるサインはずっと少なかった。

四番を打つ田淵の場合は、特にそうだった。

後年、西武ライオンズに移籍したあと、かれは野球の違いに驚くのだが、それはタイガース時代にわがままなほど自分の野球に耽溺《たんでき》していたからだろう。

かれはホームランの美学を追求していればよかった。

ピッチャーにどんな球を投げさせるかも問題だったが、それ以上に関心があったのは、どうやったら一本でも多くのホームランを打つことができるか、だった。かれの耳に残るのはバッテリー間の配球術に関するアドバイスではなく、むしろバッティングに関するものだ。

内角のシュート打ちの名人といわれた山内一弘《やまうちかずひろ》が、田淵にアドバイスしたことがある。インサイドの球は右手で押すようにして打て、という内容だった。

押すようにして打つ？

叩く、弾《はじ》く、引っ張る……。

バッティングを語るときの動詞はいろいろあるが「押す」という言い方は初めてだったので、田淵の耳に消しがたく残った。しかし、その感じがすぐにわかるわけではない。バットスイングと「押す」という動きがまるで別物に見えるからだ。

それも、しかし、わかるときがくる。

内角低めの球を強引に引っ張るのではなく、体を回転させながら、ちょうどゴルフのバンカーショットを打つように力を抜き、右手を打球の方向に出していった。すると打球は右に向かって飛び、スライスするようにライトスタンドに入っていくではないか。

それが「押す」バッティングだった。

そうやってひとつ、またひとつとバッティングの面白さを体験していくわけである。初めて王貞治の記録を上回り、セ・リーグのホームラン王のタイトルを手中にするのは二年後のことだが、1973年の田淵幸一はその予感をつかみかけていた。

それでも優勝には手が届かなかったのだから、かれは落ち込んだ。

田淵が覚えているのは一三〇試合目のゲームが終わり、甲子園球場でジャイアンツを相手に9―0というとんでもないスコアで敗れたあとのことだ。

タイガースは最後の最後まで期待を抱かせ、そして気の抜けたような試合で1973年のシーズンを終えるわけである。

試合終了直後、グラウンドには観客がなだれこんできた。

10月21日、日曜日のゲームは雨で順延になり、翌日、月曜日の甲子園球場。スコアは9―0で、試合時間は2時間18分。

決戦らしくない、じつにあっさりとしたゲームである。それだけに、わざわざ甲子園までやってきた観客は憤りを感じたのかもしれない。大勢のファンがなだれこんだグラウンドは大混乱に陥った。

タイガースのナインは逃げるようにしてロッカールームにかけこみ、シャワーを浴びると短いミーティングを行った。

負けた直後に気のきいた言葉でシーズンを総括できる人などいるはずもなかった。

一週間後に秋季トレーニングが始まる。そのスケジュールを確認すると、もうミーティングをつづけている必要はなかった。

通路に立ったままでインタビューを受け、記者たちが原稿を書くために記者席に戻っていくと、田淵も自分で車を運転してマンションに戻った。

何もかも面倒だった。たまっていた疲れが一度に出てきた。負けた悔しさもつのってくる。そんな体験は、かれにとって初めてのことだった。

それから一週間、かれは一歩も外に出なかった。

『最後の夏』（マガジンハウス）より

バットマンに栄冠を
——衣笠祥雄の最後のシーズン

1988（昭和63）年

ロッカールームに人はいない。

今日はナイター練習なので、選手たちは夕方になって姿をみせるだろうという話だった。

球場が、オフのあいだに改装された、という。「ヤンキースタジアムほどじゃないけどね」と、衣笠祥雄《きぬがささちお》はいっていた。それでもいちおう見ておく価値はあるよ、と。

ヤンキースタジアムの話がでてきたのは、このオフに衣笠祥雄がニューヨークに行き、冬のヤンキースタジアムを見てきたからだ。ヤンキースタジアムも何度か改装されて、昔の面影はない。しかし、衣笠は興味深そうだった。かつて、その球場でベーブ・ルースや、ルー・ゲーリッグがプレイしていたからだ。

ベーブ・ルースは、衣笠の一番好きな選手だった。背番号３。衣笠も同じ背番号をつけている。もう一人のルー・ゲーリッグは、当時、アイアン・ホースと呼ばれていた。鉄の馬。タフな男で、休むことなくゲームに出つづけた。そして、ルー・ゲーリッグはついに二一三〇試合連続出場という記録を作ることになった。十数年にわたって、一日も休むことなくゲームに出つづけたのだ。以後、だれもその記録に近づくことはできなかった。

衣笠祥雄は、プロ入り二十三年目のシーズン、そのルー・ゲーリッグの記録を追い抜こうとしていた。そのために、かれに残された最後のコーナーをまわろうとしているところだった。

広島球場は内野に新しく二階席がつくられていた。記者席も広くなった。ロッカールームもすこし広くなった。一軍選手用に一部屋、ロッカーを増設したからで、そちらには主に若手選手が入ることになった。

従来の、一塁側ダグアウトから通路に出て直進、つきあたったところにあるロッカールームはレギュラー選手たちが利用している。

そのほぼ正面に、広島カープの背番号３のロッカーがあった。ユニフォームがハンガーにかけられている。グラブが見える。練習用のグラブだろうか。なにもかもがキチッと整えられていた。棚に帽子が置かれている。その帽子に特徴があった。ちょうど耳の上あたりの部分をきゅっとしぼった感じだ。他の選手たちの帽子を見てみると、耳の上のそのあたりが広がってしまっている。

帽子の「型」の作り方の問題だろうと思えた。

ある会話を思い出した。

「TVカメラが近づいてくると、練習中だと肩のあたりに気配を感じるよ。そういうときは自然な表情にならないね」

「演技してしまう？」

「おのずとね」

二一三〇試合連続出場という記録を書き換えようとしているかれの姿を追っているTVカメラがあり、そのカメラについて話をしているときの会話だった。

スタイリストだ。

「プロはいつも見られている。その中でプレイしている。見つめられながら、いいプレイを見せなければいけない。それがプロだと思うんだ」

例えば、三振するときも、衣笠はプロだ。大きなスイング。当てにいこうとして空振りするのではない。かれが空振りするときはいつも、気持ちはレフトスタンドに飛んでいる。

それがおそらく、ファンの気持ちをつかむポイントになっているにちがいない。


やがて選手たちが集まってきた。

開幕が近づいていた。

衣笠祥雄にとっては、印象深い開幕になるはずだった。かれにとっては二十三回目の開幕戦だった。キャンプのころから二十三回目という数字がしばしば出ていた。今年は二十三回目のキャンプですね、どうですか、とことあるごとにかれはマイクを向けられていた。

ひょっとしたら、これが最後のキャンプになるかもしれない。そんなふうに見ている人も少なくなかった。かれは1月に四十歳になっていた。

「野球は不思議だよ。特に、バッティングはね。こうだと思うとはぐらかされる。それじゃこうすればいいんだと考えて、わかった気になるとそのまた向こうに謎がみえてくる。

ほんとに不思議なんだ……」

話をしているのは衣笠だ。

ナイター練習が終わったところだった。

ダグアウトにひきあげてきたところで、珍しく立ち止まった。話をしたかったのかもしれない。数人の記者がかれのまわりに集まってきた。みな、これから始まるシーズンが衣笠にとってどういう意味をもつのかを知っていた。

オープン戦のあいだ、ライト方向にばかりヒットがとびだしたことをどう考えているかというのが、そのときの話のポイントだった。

衣笠は苦笑した。

たばこに火をつけた。ゆっくりとけむりを吐き出した。

たしかにそのとおりなのだ。外角球に無理なくバットをだすと、打球はラインドライブを描いてライト前に飛んでいった。そういうヒットを何本も打てた。そのかわり、衣笠らしい、力強い、左方向に飛んでいくヒットがなかった。

「気がついてたよ」

と、衣笠はいった。

「だからオープン戦の最後になって引っ張ってみたんだ。ところが、みんな内野ゴロになってしまう。たしかそういうケースが七回つづいたよ」

かれ自身の記憶は正確だった。

「ライト打ちにバッティングを変えたんですか」

「あっちに打てば確実にヒットがでるのなら変えるけどね……」

衣笠は笑った。そういうことではないと、かれはいうのだった。オープン戦のあいだ、強引にインサイドをついてくるピッチャーがたまたま少なかった。まだ公式戦が始まってもいないのに、特に衣笠のように「記録」を目前にしているバッターにたいしてきわどすぎるようなボールを投げるのは、ピッチャーにとっては、ちょっとばかし勇気のいることかもしれない。公式戦が始まれば、そんなことをいってはいられない。オープン戦と公式戦とは、そういうところでも微妙に異なる。

かれは、おのずとアウトサイドの球を打つことになった。しかも、いずれもいい感じで打てた。

「外を狙っていたこともたしかだね。それであういう打ち方になった。すると今度は内側が打てなくなってしまう。おれは器用じゃないということに、あらためて気づいたよ」

ふっと、足もとを見て、また笑った。何年やっても野球はミステリーだ。バッティングは特にそうだ。

衣笠が誇れる記録は、連続試合出場だけではない。通算ホームランの数（昨シーズンまでで四八七本）では、王、野村、山本浩二、張本についで第五位。あとひといきで四位の張本の五〇四本を超えるところまできている。通算安打（二四五一本）は、シーズン途中で二五〇〇本に達するだろう。三振数（一五二六個）ではすでにトップに立ち、他を引き離して独走している。もうひとつのデッドボールに関する記録もあり、かれはすでにセ・リーグ記録をやぶり、今は日本記録（竹之《たけの》内雅史《うちまさし》のもつ一六六死球）に近づいている。

それが衣笠祥雄という、四十歳になる野球選手なのである。

かれは野球というゲームのあらゆる側面を見てきているはずだった。ホームランの快感。三振の苦味。優勝の味。カープが万年Bクラス・チームであったころの屈辱感。体が自分でもびっくりするほど躍動し、どんな球がきても打てるし捕れるという時期もあれば、それとは逆にどうあがいてみても打てないスランプの時期もある。いくつもの極をみてきた。それでもまだ分からないことがある。

衣笠は天才型の選手ではない。壁にぶつかることが多い。そのたびに考えこみ、一つひとつ問題を解決してきたのだが、常にその先があるのだ。

だからバットを置くことができない。

衣笠祥雄という選手が、なぜいつまでもゲームに出つづけることにこだわるのか。その「なぜ」にはいくつもの答えがありうる。記録にたいする欲。それがもたらすであろう様々な果実。しかしそれだけではない。どこまでやっても、まだその先がある、野球というゲームの不可思議な魅力に、幸いにも、かれはとりつかれてしまったのだ。

ぼくはそう考えている。

それはともかく――。


プロ野球がいよいよ始まるという、その数日前の、広島球場のダグアウトに話をもどそう。

「ファンは安心しているんじゃないですか？」

だれかが聞いた。

ライト打ちを心がければ、打率は下がりにくい。そうすれば、昨シーズンのような苦しみ方はしないですむのではないか。そういうニュアンスがあった。

昨シーズンの衣笠は苦しみつづけた。最終的な打率は二割五厘だった。かろうじて二割をキープしたというところだった。一割台で低迷する時期もあった。

しばしば野次が飛ばされた。おまえはいつまでそこにしがみついているのか、というのだった。連続出場記録の更新というテーマがあるから引っこめられずにすんでいるんだ、というニュアンスの野次である。野次られているうちは、ファンはまだ期待してくれているんだよ。衣笠はそういって、局面を打開しようとしていた。自分が前向きになれるようにものごとは解釈したほうがいい。それがかれの基本的なスタンスだった。

しかし、去年のようなシーズンを再びくりかえすわけにはいかない。

「たしかに率は上がるだろうね」

衣笠は答えた。オープン戦のときのようにライトにヒットを打つことを心がければ、大きなスランプはないかもしれない。

「しかしね……」

衣笠はつづけた。

「それじゃ面白くないよ、そこまで守りの姿勢になってしまったら、野球は面白くない。それに、ああいう打ち方をして、ヒットが出ているうちはいいよ。その逆を考えてみてくれよ。あれで打てなくなったら、もっとみじめじゃないか……」

自分らしさを捨ててまで、数字にあらわされる打率を追い求め、そのあげく失敗したら、もう信じられるものがなくなってしまう。

そのことを、衣笠は指摘した。

だからおれは、あくまで自分のやり方でやる、と。かれは、フルスイングの野球をやってきた。野球人生の、最後のコーナーを曲がってゴールが見えてきたからといって、そのフルスイングの野球を変えるつもりはない——と。

「仮にシーズンに入っていい結果が出なかったら？」

質問が飛んだ。その場合はバットを置くよ、そんな答えを期待したのかもしれない。担当記者たちはことあるごとに言質をとっておきたいと思うものだ。

衣笠は笑った。笑ってこういった。

「ほっといてくれ、だね。自分は自分で考えてやっているんだから、結果がどうあれ、ほっといてくれ、だよ」

そうだろ、と皆の顔を見まわして、やっと歩きはじめた。

そのときのことは、衣笠自身、よくおぼえているようだった。タバコを一、二本、吸うぐらいの時間しかたっていない。さほど長い会話ではない。

が、あとになってかれは、そのときの話にこうつけ加えた。

「問題は、（また去年のようなスランプにおちいったとき）ほっといてくれといえるだけの強さが自分にあるかどうか、ということなんだ……」

衣笠は〝鉄人〟と呼ばれていた。

タフな男であるはずだった。ちょっとぐらいの骨折なら、何もいわずにゲームに出ていくような男だった。そしていつものようにプレイして、けろりとしている男だった。〝鉄人〟にふさわしいエピソードをいくつも残していた。

その鉄人の、心の内側は、とてもナイーブで傷つきやすく、繊細だった。

それが見えたとき、人はこの鉄人を好きになるのだろう、と思われた。


原因は分かっていた。

昨シーズンのスランプの原因である。

シーズンオフに衣笠は視力検査を受けた。目が衰えたことが、バッティングに影響しているのではないかといわれたことがあったからだ。

その検査が終わると、かれは晴ればれとした顔をしてみせた。何でもないということだったよ。視力も落ちていない。あくまで気持ちの問題だったんだ。気分を切りかえればOKさ……。

広島カープのチーフ・トレーナー、福永富雄《ふくながとみお》は、衣笠の視力についてはさほど心配していなかった。

かれはもっとほかのことを心配していた。

衣笠と福永の付き合いは古い。

衣笠がプロ入りしたとき、福永はすでにカープにいて今の仕事に近いことをしていた。当時、かれはまだ学生だったが、兄がトレーナーとして球団に出入りしていたので、その手伝いをしながら、トレーナーの仕事をおぼえつつあった。

年齢が近いこともあって、よく一緒に遊んだ、という。衣笠は昭和40年にカープにスカウトされた。京都の平安高校でキャッチャーをしていた選手だった。ドラフト制度ができる一年前のことである。当時のカープの白石《しらいし》監督は、アメリカ製のキャッチャーミットを、衣笠にプレゼントした。期待されてプロ入りしたわけだった。ところが、すぐに衣笠は肩をこわしてしまう。セカンドに満足に送球できなくなって、このままではプロでやっていけないのではないかというところに追いこまれた。

もう一つ、まずいことがあった。衣笠はプロ入りするとまもなく、契約金の一部で中古の外車を買いこんだ。デカイクルマに乗るのがプロだというのが、衣笠の言い分だった。監督が国産の軽自動車に乗って球場にやってくる。そのすぐ隣に、衣笠の濃紺のボディのフォードギャラクシーが駐車する。どっちが監督のクルマか分からない。それは仕方ないとしても、そのクルマで事故を起こしたときは冷たい視線にさらされた。誤って人家の塀に突っこんでしまったのだ。それで一時期、衣笠にチームのオーナーに免許をとりあげられていた。

そのころ、衣笠はよくトレーナーの福永の部屋に遊びにきた。おしゃべりをしていると、それだけで気分がまぎれたのかもしれない。

衣笠がカープの中心選手として育っていくのと、福永が、トレーナーとしてのノウハウを蓄積していくのと、時期が重なっている。

衣笠の連続出場記録が話題になってくると、福永は以前にも増して衣笠のフィジカルコンディションに関心を寄せるようになった。

福永は衣笠の体を、いつも驚嘆の思いで見てきた。ケガをしても、回復力がとても早い。

ちょっとした骨折は、ゲームに出ながらであっても、簡単に原状に戻してしまう。だから、四十歳になってもあそこまでやっていられるのだろうと思うのだが、そこまでタフであっても心配な点が一つだけあった。

「オーバー・スイング・シンドローム」

と、福永はそれを呼んでいた。

あまりにもたくさんのバットスイングをしてきた。しかも、ほとんどフルスイングに近い振りである。それが重なり、蓄積することによって、様々な影響を体に及ぼす。

その最たるものは、福永の説明によると、「左の首すじから肩にかけての張り、鈍痛」だという。その原因をさぐっていくと、はっきりとこれだというものが見えてこない。それで福永は「オーバー・スイング・シンドローム」と呼ぶしかないと考えたのだが、その症状が顕著に出たのが、じつは昨シーズンの春先のことだった。

「アドバイスできることは、素振りの数を減らせということぐらいでした。素振りは必要だけれど、やりすぎてはいけない。必ずそのツケがまわってくる。そのことについては何度も話をした。それでなくてもかれは振りすぎてしまうんですよ。地元でのゲームがあるときは自宅で振るし、遠征に出たときは宿舎で振る」

衣笠はしばしばバッティングフォームを変えている。わかりやすいポイントを一つだけあげておくと、以前はバットを構えたとき右の肘を、ぐいと、肩と水平に近くなるくらいまであげていた。その位置からバットを振り出していたわけだ。それが徐々に、右のわきがしまり、スイングは比較的コンパクトなものに変わってきた。

バットスイングはボールに向かって最短距離をとおるのが理想だと、衣笠はいう。その理想に近づけようと、少しずつ「モデルチェンジ」してきた。

「モデルチェンジ」というのは、衣笠の言い方で、かれはクルマがモデルチェンジするように、バッターも常に新しい可能性を求めて自分を変えていかなければならないと考えている。だからかれには例えば「70年型のスイング」と「80年型のスイング」がある。

試行錯誤をおそれない。

フォームを変えていっていい結果が出なければ、元に戻していく。毎日のようにスイングをチェックしているから、それが可能だ。

打てなくなると、おのずとスイングの数が増える。これ以上振れば「オーバー・スイング・シンドローム」にとりこまれてしまう可能性が高くなるとわかっているのだが、それでも振ってしまう。衣笠にはそういう一面がある。「やるだけのことをやっておけば、あとで後悔しないからね」――というのが衣笠の考え方である。

福永は、一年前の夏のある日のことをよくおぼえている。チームは東北遠征に出た。衣笠の打撃不振は深刻なものになっていた。

そのころの一か月ごとの打撃成績を見るとよくわかる。6月、7月、8月と、夏の三か月間、かれは苦闘しつづけた。この三か月、いずれも一割台の打率しか残せなかった。

ゲームが終わってホテルに戻った。

衣笠は福永を誘った。ちょっと酒でも飲もうか、というわけだった。シーズン中に何度か、そういうことがある。衣笠の酒は、陽気なほうだ。快活にしゃべり、食べ、そして飲む。そのうちの一つが欠けることはまずない。

ホテルのなかにあるバーに行き、飲むことにした。外に出るという気分ではなかった。

「ドライ・マティーニを飲んでみるか」

と、衣笠がいった。

「ドライ・マティーニ？」

なぜまた、ドライ・マティーニを飲んでみたくなったのか。そこが特別、おいしいドラあと酒としてドライ・マティーニを飲ませるバーにも見えなかった。ゲームが終わってシャワーを浴びたあとの酒としてドライ・マティーニがふさわしいとも思えなかった。

昔、教育リーグでアメリカへ行ったときのことだよ——と、衣笠は語った。

それは1970年10月末のことで、広島カープが若手選手を毎秋、アメリカへトレーニングに出すようになったのは、そのときが初めてだった。

衣笠選手の「連続試合出場記録」は、じつはその年の10月19日、後楽園球場の対巨人戦から始まっている。あと数ゲームを残してシーズンが終わるというあたりである。衣笠は当然のことだが、ゲームに出るという記録が以後、足かけ十八年もの長きにわたってつづいていくとは、その時点では思いもよらなかった。

飛行機は羽田《はねだ》から飛び立った。ホノルル、ロスを経て最終目的地はアリゾナ州フェニックス。派遣された選手は6人で、そのなかにはプロ入り二年目のシーズンを終えたばかりの山本浩二もいた。そして、同じフェニックスに阪急の若手も派遣されており、そのなかにはホームランバッターとして注目を集めはじめていた長池徳二《ながいけとくじ》がいる。そういう教育リーグである。

衣笠もまた、ホームランの魅力にとりつかれた選手だった。かれらにとって、ぜひこの人に教えてもらいたいというコーチがいて、名前はエディ・マシウスといった。

マシウスはかつて、ブレーブスの三塁手だった。ブレーブスは、今はアトランタにあるが、１９５０年代の初めまでボストンに本拠地を置いていた。ボストン・レッドソックスに対抗するもう一つのボストンのチームが、ブレーブスだったわけである。エディ・マシウスは、そのボストン・ブレーブスに１９５２年入団してくる。翌年、ブレーブスはミルウォーキーに移転する。ミルウォーキー・ブレーブスである。現在のミルウォーキー・ブリュワーズとは別のチームだ。マシウスもミルウォーキーに移り、この時代に二度、ホームラン王のタイトルを獲《と》っている。ミルウォーキー・ブレーブスは１９６６年、再び移転。アトランタ・ブレーブスと名前を変える。マシウスはそこまで付き合う。そして、翌67年、ヒューストン・アストロズ、さらにデトロイト・タイガースとトレードされ、そのタイガースのユニフォームを最後に、68年かぎりで、現役を退いている。ワールド・シリーズには三回出場。公式戦の通算ホームランは五一二本というバッターである。

そのマシウスは衣笠が教育リーグに派遣されたころ、クリーブランド・インディアンズのコーチをしていて、フェニックスに来ていた。

ある日、練習を終えたあと、長池、衣笠はマシウス・コーチと話をする機会があった。

「それで、こう聞いたわけだよ」

と、スランプにつかまっている衣笠はトレーナーの福永にいうのだった。

「マシウスさん、ホームランを打つにはどうしたらいいんですか」

日本から来た若い野球選手たちにそう聞かれて、マシウスはニヤリと笑った、という。若いの、そのコツを教えてやるからよく聞いておきなよ、というニュアンスである。そして、こういったのだ――。

「ホームランを打ちたかったら、ドライ・マティーニを飲むことだ」

「ドライ・マティーニ？」

「そうさ。男はドライ・マティーニを飲んだ分だけホームランを打つことができる」

ブレーブスの三塁を十数年にわたって守りつづけ、通算で五一二本のホームランを打った男は、そういって、またニヤリである。


そのときのことを、衣笠は思い出したのだった。

「ホームランを打ちたかったらドライ・マティーニにかぎる」

衣笠はそういってグラスを干した。

マシウスの台詞《せりふ》の、なんともいえずアメリカ的な、どこか楽観的でしかも、乾いた響きに、衣笠はひきこまれたにちがいない。

バッティングに悩むくらいなら酒でも飲んだほうがいい、というニュアンスではない。ドライ・マティーニのちょっととりすました冷たい苦味。それを知ることが野球というゲームの苦さを知ることにも通じる。

そしてそれを飲み干してしまえばいいんだという、明るい、楽観的なニュアンスも、そこには含まれている。

何も考えずにドライ・マティーニを飲む。

それを見て、福永は衣笠の悩みの深さを思った。

チームはその年、優勝することができた。しかし、衣笠は苦しんだ。そういうシーズンが終わったとき福永は衣笠にいった。もうこれ以上、オーバー・スイングはやめてくれ。トレーナーとして責任はもてない。福永は「最後通告」のつもりでそういった。

そしてまた新しいシーズンが始まろうとしていた。

キャンプ、オープン戦にかけて、福永の知るかぎり、例のシンドロームは消えていた。コンディションづくりに、どうやら今年は成功したようだった。

開幕戦の日、衣笠はユニフォームに着がえるとトレーナー室にやってきた。ロッカールームのすぐ隣にあるので、衣笠はしょっちゅう、そこにやってくる。カープの場合、トレーナー室の常連が衣笠と、そして山本浩二だった。山本がユニフォームを脱いで、衣笠が残された。そこに用があるわけではない。薬も不要だ。

だけどもやってくる。ロッカーの、若手選手たちのおしゃべりから逃げてくるのかもしれない。

福永は、あのときのドライ・マティーニのことを思いだした。だけれども、その話はしなかった。新しいシーズンが始まるのだ。ドライ・マティーニは必要ない。

雑談をして、ダグアウトへ送りだした。

開幕戦の対戦相手は大洋。先発は遠藤《えんどう》だった。2回裏、衣笠の、今シーズン、そして現役選手として最後になるかもしれないシーズンの、最初のボックスがやってきた。

その回の先頭バッターとして衣笠はボックスに入った。つま先で蹴《け》るような、いつものリズミカルな歩き。衣笠祥雄はゆっくりとバットを振り、構えた。

カウント1《ワン》―2《ツー》からの四球目だった。遠藤の高めの速球を衣笠は打った。ぐいと、左に引っ張った。打球はあっという間にレフト前へ飛んでいった。衣笠はゆっくりと一塁へ走った。

最後のレースが始まった。

ゲームを一つ消化するごとに、マジックナンバーが一つずつ消えていく。シーズンが始まったとき、あと「45」という数字が出ていた。そこでルー・ゲーリッグに並ぶことになる。

衣笠はそこを、当たり前のこととして通りすぎ、そのずっと先まで全速力で走り抜けたいと思っている。《二一三〇》は、ゴールではないのだから。

「いよいよ始まりましたね」

今シーズンのスタートのゲームが終わったあと、そう話しかけるとかれはこたえた――。

「始まったね。これからだよ、何もかも、これからだ」

5月下旬のある週末、広島カープは地元を離れ、遠征に出た。新幹線で京都に出て、特急「雷鳥《らいちょう》」に乗りかえ福井へ向かう。それが金曜日のことで、翌土曜日に福井でデーゲームを行うと、そのままバス移動で金沢《かなざわ》へ。日曜日もデーゲームで、それが終わると、その日のうちに再び広島に戻るというスケジュールである。

その二つのゲームを無事消化すれば、その時点でのカープの試合数は「33」になる。すると、残り「12」というマジックナンバーが衣笠祥雄の周辺で点灯することになっていた。

カープのナインとは京都で合流した。京都駅を夕方の5時20分に出る「雷鳥」に乗って、北陸遠征に同行してみようという計画だった。

その前にぼくは、京都の平安高校のグラウンドに行った。衣笠祥雄は昭和37年から三年間、このグラウンドで野球をしている。甲子園には二度出場した。昭和39年の春、夏で、いずれも準々決勝まで進んだが、敗退した。のちに西鉄ライオンズに入団する池永正明《いけながまさあき》、尾崎将司《おざきまさし》（現在はプロゴルファー）らは、甲子園での同期生である。ともにドラフト制度ができる一年前、昭和40年にプロ入りした。

平安高校は西本願寺《にしほんがんじ》の裏手にある。野球部はここのところ、めっきり力をおとしている。この春の京都大会でも、二回戦で敗退してしまったと野球部長が嘆いていた。

そのグラウンドで、かつて平安高校の野球部を率いていた中村雅彦《なかむらまさひこ》（現在、同志社大学講師）に会った。

衣笠が野球をやるようになったのは京都・洛東中学《らくとう》のときで、衣笠の話によると、かれはそのころ野球よりもむしろ柔道をやりたかったのだという。柔道部がなかったので野球部に入った。好きなポジションはショートだった。今はタイガースの監督をしている吉田《よしだ》義男《よしお》が京都の出身で、その華麗なるグラブさばきが人気を呼んでいた。

「それで、みんなショートを守りたがった。先生が、それじゃノックで決めようと、希望者をショートのポジションにつけてノックする。自分の番になって、ゴロが飛んできた。トンネルですよ。それで、おまえはダメだといわれて、キャッチャーになった」

そのころのことを、衣笠はとてもうれしそうに話す。

平安高校にやってきたときも、かれはキャッチャーだった。広島カープにも、当初は捕手としてスカウトされた。

中村監督は、衣笠が高校生のころ、やっと二十代の半ばに達したばかりだった。若かった。

前任者の平安高校監督、冨樫淳《とがしじゅん》は厳しい指導者として知られていた。冨樫は先年、亡くなったが、かれのキャリアは興味深い。父親が阪神タイガースの球団代表だった冨樫興一《とがしこういち》。

戦前の平安中学のエースだった冨樫淳は昭和17年の、主催者が一度だけ朝日新聞社から文部省に替わったときの夏の大会——高校野球史のなかでは異端扱いされている——その大会の決勝戦の延長11回裏、痛恨の押し出しフォアボールを与えて敗戦投手になってしまったピッチャーである。戦後は一時、タイガースのユニフォームを着たが、身体をこわしリタイア。アマチュア登録をしなおして平安高校の監督になり、その就任一年目にチームを全国優勝させてしまった。

「そのまま監督をつづけていたら、池田高校の蔦《つた》さんみたいになったかもしれないね。蔦さんも一度プロに入って失敗し、そのあとで高校野球の監督になった人だから……」

冨樫淳にそんな話を聞いたことがある。冨樫は燃え尽きることができなかったエネルギーを高校生たちに注いだ。そのあとを引き継いだ中村監督も、冨樫と同じように身体ごと野球にぶつけていくようなタイプだった。

「今はもう時効だから——」

といって中村監督がいった。

あるゲームで、中村監督が審判とケンカをしてしまった。ダグアウト前で怒鳴りあった。ハラをたてた監督はバッテリー（衣笠が捕手をしている）に、かまわんからあの球審にぶつけてやれ、と指示したのだという。ピッチャーの投げた球は監督の狙いどおり球審のプロテクターに当たった。それくらい激しい野球をしていた、というのだ。

福井に向かう「雷鳥」の車中で衣笠にその話をすると、

「あれはね、たまたま高めに速い球がきて、ぼくがミットをはじかれたんだよ」

といって笑った。

キャッチャーとして平安高校に入ってきたときは、身体がまだ小さくて、それでかえって目立ったと、中村はいう。

ノックでキャッチャーフライをあげていると、一年生の衣笠は最後になってしまう。グラウンドは暗くなり、フライをあげても、もうボールが見えない。すると衣笠は、ボールに石灰の真っ白い粉をまぶし、それを監督にさしだす。これなら見えます、というのだ。そのボールを打ちあげると、瞬間、石灰の白い粉が舞い散り、ボールは闇にかくれてしまう。それを衣笠は追いかけた。

そのときの衣笠祥雄の印象が中村監督には強く残っている。ひたむきな姿である。

「それでも、まさかこういう記録を残すような選手になるとは」

想像できなかったという。

「ゲーリッグだって、自分の記録が、単に数字の上でだけれど、追いつかれるとは思っていなかったんじゃないかな」

衣笠は、語った。ニューヨークへ向かう飛行機のなかだった。

今年の1月18日。衣笠祥雄は、ちょうど四十歳の誕生日に、NW《ノースウエスト》18便のビジネスクラス・シートに坐《すわ》っていた。自主トレが始まるころだったが、以前から考えていた計画を実行に移す気になった。あるTV局のスタッフが誘ってくれたこともある。いいチャンスだから行ってみようと、かれは決断した。

計画というのは、ニューヨーク州の北にあるクーパースタウンという小さな町に行くことだ。そこは野球発祥の地と位置づけられ、野球の殿堂《ホール・オブ・フェイム》がある。当然のことながら、ルー・ゲーリッグも殿堂入りしている。

ゲーリッグは選手時代の晩年、筋萎縮《いしゅく》性硬化症に苦しめられた。小児マヒの症状に近いという。激しい筋肉痛がおそってくる。それで、ユニフォームを脱がざるをえなかった。そして、その数年後、三十八歳で他界している。

夫人のエレノア・ゲーリッグは、のちに回顧録を書いた。鉄の馬《アイアン・ホース》というニックネームをつけられたゲーリッグの、晩年の苦しみも書きこまれている。

衣笠はエレノア夫人が書いたその本を読んだことがある。ゲーリー・クーパー主演で映画化された「打撃王」（原題は〝ザ・プライド・オブ・ザ・ヤンキーズ〟）も、ビデオディスク化されたときに見たという。それにもともと衣笠はアメリカのメジャーリーグの野球が好きで、選手のことをよく知っている。今でもシーズン中に自宅で野球を見ることがあるとすれば、それはメジャーリーグのビデオに限られる。

「エレノア夫人も、もうすでに亡くなっているんだ」

と、衣笠はいった。

「だからアメリカに行っても、エレノア夫人には会えない。それが残念だという気持ちもあるし、ホッとするという気持ちもあるんだ」

「ホッとする？」

どういうことだろうかと、ぼくは聞いてみた。

「もし生きてたら、怒られるんじゃないかな。あれだけ苦しんで毎日毎日、十数年にわたってゲームに出つづけた。それがルーだった。その記録が超えられてしまうなんて、エレノアさんにしてみれば耐えがたいことなんじゃないかな。だからね、エレノアさんが生きていたら、おれは怒られるんじゃないかと思うよ」

そういう感じ方、考え方をするところが、衣笠にはある。

かれが連続出場の日本記録を書きかえたのは、昭和55年のことだ。飯田《いいだ》徳治《とくじ》（南海―国鉄）の持つ一二四六試合連続出場という記録を超えたわけだが、そのときも、まさか、本当か、とおどろかれたという。その後、さらに七年が経過している。二一三〇試合連続出場という記録は昭和45年10月にスタートしているから、足かけ十八年かかっている。

ゲーリッグの場合、アメリカ野球の年間の試合数が日本よりも多いから、年数でいえば衣笠よりも短い。そのかわりにシーズン中のハードスケジュールを乗りこえなければいけないというむずかしさがあるから、「二一三〇」という数字の持つ重みは、基本的には変わらない。


クーパースタウンには、二日間、滞在した。

野球の故郷は雪におおわれていた。殿堂に行くと、ギルフォール館長が迎えてくれた。アメリカの野球選手の、あらゆる記録がライブラリーに残されている。そして殿堂入りした選手たちは、レリーフとともにホールに飾られている。さまざまな展示物を見ていると、この国で野球がどのようにして始まり、野球がファンに何を提供してきたのか、その歴史と文化が、クリアに見えてくる。

ギルフォール館長夫妻と、一夕、テーブルを囲んだ。館長は日本の野球にも興味を抱いていた。日本だけではない。韓国のプロ野球にも、そしてメキシコ、中南米のプロリーグにも関心を寄せていた。

「それが野球という、同じルールで行われているゲームであるかぎり……」

と、館長はいうのだった。

「世界のどこで行われていても、どんな文化のなかであっても、それは野球《ベースボール》なんです。私は世界中の野球の名選手を偲《しの》ぶよすがになるものを、このミュージアムに集めたいと思っている。衣笠さん、記録を達成したら是非、記念になる何かをここに送ってください」

ゆっくりとした英語で、ギルフォール館長は語った。

クーパースタウンの空気に触れて、衣笠自身、少し変わったようだった。日本のプロ球界という、狭い世界でしか野球をしてこなかったが、その野球もまた同じ故郷を持つ野球《ベースボール》なのだという、そういう感覚である。他者を受け入れ、包みこみ、そして育《はぐく》んでいく、この国の風土のせいだろうか。あの偉大なルー・ゲーリッグと横に並べられて比較されることを遠慮するというニュアンスが衣笠にはあったのだが、それが少しずつ溶けていくようだった。

クーパースタウンから再びマンハッタンに戻るという日、雪が激しく降りはじめた。空港は閉鎖されたという。それでレンタカーを借り、マンハッタンに戻ることになった。降りしきる雪のなかをドライブした。衣笠がいった。「エレノア夫人がまだ生きていたら、いい話が聞けたかもしれないな」と。

「だってね、二一三〇試合という数字を実感としてわかるのは、ルー・ゲーリッグと、それとぼくしかいないんだから。頭で想像してもわからない。数字を見ていたってわからない。毎日のいろいろな出来事、小さな思い出……それを聞くことができたかもしれない。それとね、語りあってみたかったね」

福井のホテルに着くと、衣笠は明日は雨だよ、という。

小雨がちらついていた。たしかにあやしい雲行きだった。妙に断定的な口調でいうので、なぜ明日が雨だとわかるのかと聞いてみた。

「天気図だよ」

と、かれは答えた。天気図が読めれば明日はどうしようもないということがわかるのだ、と。

「ゲームはやりたいけどね、こればかりはしようがない。早く（記録を）通りこしてしまいたいんだ。記録のことを意識するなといっても無理だし」

そういって空を見上げた。

福井は衣笠にとって思い出深い町でもある。プロ入りした一年目、初めて一軍にあげられた。地方遠征があるという。気分を浮き立たせた。その遠征先が北陸だった。

当時、カープは広島から大阪まで飛行機で出て、そこから北陸本線の特急に乗るというコースをとっていた。広島─大阪間の短い距離とはいえ、飛行機に乗れるのが楽しみだった。それで、気分を浮き立たせたわけだった。ところが、主力選手を除いた若手たちは、山陽《さんよう》本線の夜行で大阪に行くという。

あんなにガッカリしたことはないね、なにしろまだ一度も飛行機に乗ったことがなかったんだから。衣笠はつぶやいた。

翌日、予想どおり、雨だった。朝、顔をあわせると、ほら、いったとおりだろうというように空を指し示し、かれはニコリと笑った。

考えてみれば、野球選手たちは春先からグラウンドに出て花開く季節を迎え、新緑のころ、梅雨どき、そして積乱雲と太陽の季節を経て秋風に頬をなでられ、冬のおとずれが早いときは凩《こがらし》のなかでシーズン最後のゲームを消化する。季節を常に肌で感じている。

衣笠祥雄は、そういう生活を、すでに二十三年間つづけてきている。雲と対話することも、不可能ではなくなるのかもしれない。

北陸シリーズは大洋ホエールズの持ちゲームで、福井の試合が雨で中止と決まると、大洋は地元の、雨天練習場を持つ高校に話をつけてそこで練習することになった。広島カープは、早めに福井をバスで出発、金沢にあるＮＴＴ北陸の雨天練習場を借りて練習することになった。

ナインは二台のバスに乗りこんだ。

衣笠は、そのバスには乗らず、用具を運ぶトラックに乗りこんだ。トラックはチームの遠征先から遠征先へ、どんなときでも用具を運んでいく。広島―東京間でも一晩のうちに走ってしまう。チームのもう一つの機動力部隊である。

その運転席のすぐうしろに一人だけ横になれるスペースがある。バス移動より、そこに横になって移動したほうがずっとラクなのだという。

「去年は８番があの席を年間予約したんだ。ほかのやつが乗ろうと思っても、年間予約が入ってるからダメだっていうんだよ」

８番というのは山本浩二のことだ。そうか、あの山本浩二がユニフォームを脱ぐ前の最後のシーズン、バス移動のときはこのトラックに横になっていたのか……。

本人にとっては移動のしんどさは切実だったのだろうが、どこかおかしくもある。ぼくは笑った。衣笠も笑った。

その席を、今シーズンは衣笠がいちはやく予約したらしい。

二十三年前の北陸遠征で飛行機に乗れなくてくやしがった野球選手が、二十三年後にはユニークな「特等席」に横になっている。

雨の北陸自動車道を、二台のバスとトラックが走っていく。

運転席のうしろの、カーテンを閉めきった空間で、衣笠は目を閉じているのだろうと思った。眠ることはないが、ともかく目を閉じて物思いに沈んでいるのだろうと思われた。

「記録」達成が近づいてきた。

名古屋で中日―広島戦が行われていた。「記録」までの残り試合数があと一ケタになるというあたりだ。カープの宿舎は名古屋のホテル、東急イン。その二階の一室を借りて記者会見が行われた。

一年前、記録がちょうど「二〇〇〇」試合の大台にのる直前にも同じように記者会見が行われた。ヨごろ、まとめて話を聞く機会の少ない担当記者たちが、ここであらためて衣笠選手の話を聞いておきたいというのでセットされた会見である。

衣笠はサマーセーター姿であらわれた。リラックスしているようだった。

面白いやりとりが、いくつかあった。仮に自分の記録が途切れるときがくるとしたらどういうときかと聞かれると、この一騒ぎが終わってからゆっくり考えさせて下さいよと応じ、今までに、もうこれで終わりだ、ゲームを休もうと思ったことがないのかと問われると、「ずる休みしたいと思ったことはあるけどね」といって、皆を笑わせた。

フットワークというか、口で喋《しゃべ》っているのだから「マウスワーク」とでもいうべきだろうか、軽いジャブを打ちながらさりげなく舞っているという感じだ。衣笠はプロ野球選手のなかでは、間違いなく会話の上手なほうに入るだろうと思う。

そういえば今シーズンから、かつての古葉監督が大洋のユニフォームを着ることになった。4月10日の開幕戦は広島が古葉・大洋を地元に迎えて行われた。カープの練習が終わるころ、古葉監督が三塁のダグアウトに入ってきた。衣笠は三塁ベンチに歩みより第一声でこういった。──「入り口を間違えなかったですか？　うっかり一塁側に行きそうになったんじゃない？」

その模様を、固唾《かたず》をのんで見守っていた担当記者も、TVのスタッフも、思わず笑った。とたんになごやかな雰囲気になった。

その半面、衣笠にはシリアスすぎるほどに自分を突きつめていくところがある。

記者会見で、一番質問が集中したのは、昨シーズンのことだった。一年前のシーズンは、衣笠にとってしんどいシーズンだった。ずっと低打率に悩みつづけたからだ。最終的には二割五厘と、かろうじて二割をキープしたが、さすがの衣笠ももう限界かといわれた。

野次も多かった。いつまでやっとるんか、という胴間声を、しばしば聞かされた。そのうえ、左の首から肩にかけての鈍痛もかかえていた。それらのことをどう受けとめていたのか、という質問である。

不振の原因はバッティングの技術的な問題だと、かれは答えた。球を捉えるポイントをそれまでよりも前に置こうとした。それが結果的にいうと自分には合っていなかったのだ、と。

ゲームを休んで一息いれれば調子が元に戻るのではないか、そんなふうには考えなかったのか、とも聞かれた。やると決めたんだから、痛みがつづこうが前向きにゲームにのぞむ、それが選手のつとめではないか、少なくともぼくはそう考えている。衣笠の答えはそういうものだった。

かれは、時間が許せばもっと話したかったにちがいない。語るべきことは、ほかにもあった。

昨シーズンの衣笠は、持ち前の明るさを失うまいと必死になって自分を支えながら、深く悩んでいた。

左の首から肩にかけての鈍痛はキャンプのころから出ていた。衣笠の身体を新人のころから見ているカープのチーフトレーナー福永富雄は「オーバー・スイング・シンドローム」だといった。特にどこが悪いわけではない。バットの振りすぎなのだ。

「バットスイングを、もっと減らしたらどうかと、以前から話してはいたんです。でもダメでしたね。素振りをしているからバッティングの型が決まるんだ、ここまで素振りをしてきたからヘッドスピードが衰えずにすんだんだといって、相変わらず、振りつづけていた」

もう一つ、異変があった。

昨シーズン中は、福永もそのことを誰にも語らなかった。衣笠もあえて自分から話そうとはしなかった。

歯である。バットを振っているときに、歯がかけた。右下の歯で、その歯は過去に治療したことがある。削ったところを、上からかぶせるという方法である。その歯の内側が、かけてしまったのだ。

「バットスイングをしているときに、それくらいすごい力が歯にかかっているということですね。それを二十三年のあいだ、つづけてきている。素振りの数でいえば、もうとっくに百万回をこえていますよ。その結果として、どうしようもなく身体のあちこちに痛みが出てくる」

福永はそういうのだった。

過去に何度もスランプを経験しているが、今度ばかりは少し違うのではないか。衣笠も、じつはそう考えていた。

特に苦しかったのは、夏場だ。

疲労が蓄積され、集中力が落ちてくる。

「いくら〝鉄人〟といわれたって、そりゃ人並みに疲れますよ。人間なんだから」

衣笠はそういって笑う。

「野球をやっているあいだ、節制しなければならないなんて、思いもよらなかった。特に節制なんてしなくても、ふつうどおりにやっていかれるだろうと思っていた。ただし、二、三年前までは、だね。やっぱり、そういってもいられなくなった。酒の量、睡眠時間……気にするようになった。そんなことを気にしている自分が信じられないんだけど、でも本当のことなんだから、仕方ない」

それでも、調子が上向かない。

それが一年前のシーズンだった。

夏になって、衣笠は「三回ほど」今日はゲームを休もうと、考えたことがある。

地元、広島でナイトゲームがあるときは、午後2時ごろ家を出る。

出がけに、かれは夫人にいった。今日はゲームに出ないぞ、そのつもりでいてくれよな、と。そのつもりでいてくれ、というのは、気持ちの準備をしておいてくれ、ということである。ひとたびゲームを休めばそれを「事件」として自宅まで取材におしかけてくる連中もいる。

そしてクルマに乗りこむ。球場に着きユニフォームに着がえたら自分から監督に申し出るべきだろう。その自分の意思が受けいれられれば、スタメンから外され、代打で出ることもなくなる。連続出場の記録が途切れる。カープ担当記者たちは、一斉にかけよってくるだろう。記者会見を行うことになるかもしれない。そのほうが混乱を避けられるからだ。そうなったにしても、自分は笑顔で話ができるだろう。大丈夫だ。いつものように明るく語ることができる……。そう思って球場に着く。

ユニフォームに着がえて、グラウンドに出る。すでに若い選手たちが汗を流している。外野を走っている選手がいる。特打ちをしている選手がいる。バッティング投手の額から玉のような汗が流れている。その練習ぶりを監督、コーチがじっと見つめている。チームは今日もまた、勝とうとしている。

「それを見ていると、言いだせなかった。よし、今日も頑張ろうと勇気づけられる。自分から監督に今日は休ませて下さいと申し出ることで、今日もまた勝とう、今年も優勝しようとしているチームに、不必要なさざ波を起こすんじゃないか。そんなことも気になる。監督が今日もスタメンに起用し、さあゲームに臨もうというのなら、その期待に精一杯こたえようとするのが選手のつとめなんじゃないか。やるしかないんだ……」

そう思いなおす。いうべきか、いわざるべきか。ハムレットの心境である。

衣笠は、自分からゲームを休みたいといおうとして、いえなかった。

阿南《あなん》監督はいう――「昨シーズン、衣笠抜きでゲームをやろうなんて考えもしなかった」と。

「たしかに、かれはバッティングに苦しんでいた。だけれども、問題はかれの打率だけじゃない。打率が下がったからメンバーから外すというだけではチームは成り立たないと思う。それ以外の要素がある。衣笠という選手がラインアップに並んでいることで相手の投手に与える威圧感もある」

ヒットの数でいえば二五〇〇本に近づいている。ホームラン数はまもなく五〇〇本の大台にのる。王貞治の記録には遠く及ばないが野村、山本浩二、張本につぐホームラン記録である。連続出場をつづけながら、衣笠はそれだけのものを積み上げてきた。

それがあるから、簡単にゲームから外れるわけにはいかない。

さらにもう一つ。

この記録は、衣笠一人で築いてきたものではない。そのことを、衣笠はしばしば口にする。

「ホームランの記録やヒットの記録なら、自分がバッターボックスに立って一本一本、増やしていくほかない。それができるもできないも、自分次第だ。ところが、連続出場は違う。スタメンにぼくの名前を書きこんでくれた監督さんがいる。ぼくがダメになりそうになったときにアドバイスしてくれたり、励ましてくれた人がたくさんいる。そういった人たちに支えられてきたわけですよ。仮にぼくが、もうダメだといって投げだしてしまったら、そういう人たちに申し開きができない。それが一番つらいことだね」

昨シーズン、苦しいときに、どうしても自分から休養をいいだせなかったのには、そういう理由もある。最後まで頑張れ、この記録は大事にしなければいけないといってくれた人たちの顔を思い浮かべると、自分のほうからギブアップすることはできない。まだやれるんだと、自らを鼓舞し、ゲームにのぞむしかない。

そしてそこでもまた、衣笠は、励まされているわけである。

かつて、何度もピンチがあった。

その最たるものは、昭和54年のシーズンだろう。

その年、広島カープは出足が悪く、序盤戦でつまずいた。主砲の山本浩二も衣笠も、助《すけ》っ人《と》の外人選手も不振だった。結果的にはペナントレース後半に盛りかえし、カープは50年についで二度目のリーグ優勝をはたした。ストッパーには江夏がいて、日本シリーズでも近鉄を下し、初の日本一になった。そういうシーズンである。

その年の5月に、当時の古葉監督は、ちょっとした決断を下した。チームが広島を離れ、岡山に遠征したときだ。

古葉監督はスタメンから衣笠を外した。当時、衣笠は「全イニング出場」の記録を書きかえようとしていた。その日まで「六七八試合全イニング出場」をマークし、かつて阪神に在籍していた三宅秀史《みやけひでし》選手の持つ記録にあと二二試合と迫っていた。カープは五位に低迷していた。古葉監督はゲーム前に衣笠を呼び、今日スタメンから外す、と通告した。

そのときの衣笠は、担当記者たちの質問に笑顔で答えることができなかった。

古葉監督は、何日も前から考えに考えて下した決断だったという。当時コーチだった阿南・現広島監督は、古葉監督から相談を受けた。

「それしかないと思いました。古葉さんにとっては、つらい決断だったと思う」

衣笠は、何よりも自分がハラだたしかった、という。どうあがいても、バットから快音が発しないのだ。なぜ、打てないのか。考えこみ、バットを振り、そしてバッターボックスに立つ。やはり、打てない。

「やけになったね。もうダメだと思った」

全イニング出場どころか、連続試合出場もおぼつかない状態になった。本人にしてみれば、それどころではなかった。そんなときに連続試合出場のことなど、考えることはできない。

そういうときに、この記録、連続出場記録だけは大切にしなければいけない、といったのは、古葉監督だった。

八年前のことだから、衣笠の連続出場記録は、その時点でやっと一〇八一にたどりついたところだった。日本記録（飯田徳治選手の持つ一二四六試合連続出場）に追いつくのにもまだ百試合以上ある。

そのときから、古葉監督は、この記録を十分に意識していた。

それから、ちょうど三か月ほどたった54年の8月1日、衣笠は死球に倒れた。対巨人戦で、ジャイアンツのピッチャーは西本聖《たかし》だった。西本はその日、1イニング三死球という不名誉なセ・リーグ記録を作っている。カープの三村《みむら》、代打・萩原《はぎわら》、そして衣笠と3人にぶつけてしまったのだ。

衣笠はそのまま退場した。左の肩甲骨、亀裂《きれつ》骨折という診断が下された。病院には福永トレーナーが付き添っていった。肩を動かせる状態ではなかった、という。地元のゲームだったので、治療を受けると衣笠は自宅に戻った。そのままベッドに横になった。

ゲームが終わると、チームメイトだった江夏が見舞いにきた。江夏も福永も、何もいうことができなかった。

衣笠も、じっと天井を見つめるばかりで、口を開かない。

衣笠は、朝方まで眠れなかった。夏の朝の光がカーテンのすき間からさしこむころになって、まどろんだ。ほんの数時間、眠りこんだ。目をさますと、上がらなかった左の腕が肩の上にいっている。眠っているうちに、しらずしらず、左の腕をあげていたのだ。

これなら、ひょっとして野球ができるかもしれない——と、かれは起きあがるのだが、その前、まだ衣笠が病院にいるころに古葉監督は担当医に電話をしている。衣笠がデッドボールで退場したのは７回裏のことだ。ゲームは８—８。９回時間切れで引き分けた。その直後に、古葉監督は病院に電話したことになる。

容態を聞くと、衣笠に必ず伝えてほしいと、監督は医者にいった。明日も必ずグラウンドに来るように、と。

翌日、衣笠はユニフォームを着てグラウンドに出てきた。７回、代打でバッターボックスに立った。対戦相手は前日と同じ、巨人。先発は江川だった。江川は速い球を三つ、投げこんだ。ストライクゾーンに、すべて速球である。

衣笠はその江川の速球を見送ろうとはしなかった。

表情を変えずに、痛みを感じさせることもなく、バットを振った。ぶるん、ぶるん、ぶるんと、みごとに三回空振りしてみせるとダグアウトに戻った。

そして、記録は途切れずにつながった。

衣笠が「この記録は自分一人で作ってきたもんじゃない」というとき、かれの脳裡《のうり》にはそういった記憶がよみがえっているはずだ。

記録は数字で表されるが、その数字の裏側には様々な人間の、様々な思いがこめられている。これほど、人間の匂いのしみついた記録は、なかなか見当たらない。

ゲームに出さえすれば、それだけで「一」がプラスされる。そういう記録じゃないかという人がいる。しかし、それだからこそ、この記録にはデリカシーが伴い、人情の機微が投影される。

「この記録とともに歩んできて、ぼくはずいぶん勉強させられた。いろんなことをいう人がいる。そういうことも含めて、学んだよ」

衣笠はいうのだった。


この冬から春先にかけて、広島カープは市民球場の改装工事を行った。内野にジャンボスタンドを設けた。内野席の椅子を従来よりゆったり坐れるものに変えた。そのため、新しいスタンドが造られたにもかかわらず、収容限界数はほとんど変わっていない。

もともと、この球場のスタンドは土盛りをして、その上に築かれたものだ。最近は丘陵地をすり鉢状に掘り下げ、その斜面をスタンドに、底をグラウンドにする方法や、鉄骨を組みあげてスタンドを築く方法が採用されている。土盛りの球場は、だんだん珍しくなっていくにちがいない。

その広島球場に、土を盛りあげたのではなく、掘り下げた部分がある。バックネットのちょうど真下あたりで、そこはグラウンドレベルよりも数十センチ低く、審判室やアナウンス室等々、いくつかの小さな部屋が並んでいる。そこからゲームを見ていると、やや仰ぎ見るような感じになる。

広島カープのオーナー、松田耕平《まつだこうへい》は、ゲームを見るとき、必ずその一画に陣取る。そして、カメラを持っていくのを忘れない。松田オーナーの写真にかける情熱は並大抵のものではない。かつては16ミリのムービーカメラもまわしていた。他にいくつも仕事をこなしながら、折を見てカメラを手にするのだからおのずと限界はあるのだが、その膨大な量のネガを整理すれば広島カープの球団史を、写真を中心に編むことができるのではないだろうか。

6月9日の対大洋戦は、衣笠祥雄にとって二一二八試合目の連続出場ゲームだった。あと二つでルー・ゲーリッグの記録に並ぶという試合である。その試合で衣笠はホームランを打った。レフトスタンドに突きささるホームランである。今シーズン第七号。通算で四九四本目のホームランにあたる。それはゲーリッグが現役時代に打ったホームラン総数を一本追い抜く、そういう意味で記念すべきホームランだった。

松田オーナーのカメラは、その瞬間を捉えた。

「最近は、あまりシャッターを押さないんだ」

と、オーナーはいう。

「それでなくても写真を整理するのが大変でしょう。ピッチャーの投げる球を見て、これは打つぞというときだけシャッターを切る。バッターがだれであるかわかっていれば、この選手はここで打つだろうとか、この球を待っていたにちがいないとか、瞬間的にわかりますよ。だから、狙っていれば、撮り逃しは少ない。ただねえ、シャッターを切るタイミングが、以前に比べるとほんのわずか、遅れるようになりましたね。かつてはバットがボールを捉えた瞬間、ボールが今まさに飛びだしていくというその瞬間を写真に撮ることができたが、最近はちょっと遅れるね」

オーナーは大正11年生まれである。


こういうエピソードがある。衣笠がバッティング練習を終え、ダグアウトに戻るとき、たまたまオーナーがその姿を見ていた。どこかおかしいと思った。歩き方がいつもとちがうのだ。衣笠は膝《ひざ》のバネを感じさせる歩き方をする。その歩き方が、ほんのわずかぎくしゃくしている。そんなふうに見えたということが、チーフ・トレーナーの福永富雄に伝えられた。

福永は衣笠の腰をチェックした。すると、骨と骨のつながりの部分がわずかだが、ずれていることに気づいた。

カメラを通して観察しつづけていると、体の動きの微妙な変化がクリアに見えてくるらしい。

松田耕平は、球団経営に熱心に取り組むオーナーの一人だ。カープは他の球団と違って親会社を持っていない。そういう意味で、日本の球界では珍しい独立した企業になっている。それを広島という地方都市のなかで維持していくのは、決してやさしいことではない。

何よりもまず、いい選手を育てていかなければならない。かれはグラウンドのことに口をさしはさむタイプではないが、チームの練習ぶりをときどきネット裏から見る。あるバッターがスランプに陥り悩んでいる、というような話を聞いたときだ。オーナーは、その選手の練習ぶりを熱心に見守る。心配しているんだ、早く調子を取り戻せよ、と口でいうかわりに、バッティング練習を見つめてやるのだという。

いい写真が撮れると、かれはそれを四ツ切りサイズに伸ばして選手にプレゼントする。一時期、スランプに陥っていたランスの、いいときのバッティングも撮れている。それもやがてランスのところに届けられるはずだ。

そんなふうにして、選手たちと、近寄りすぎず、遠ざかることもない、ほどよい距離の関係が保たれているのだが、なかでも衣笠との関係は深い。

選手会が球団に対する要望事項をまとめると、ふつうはその時の選手会長が代表してオーナーのところに出向くのだが、その役割はもっぱら衣笠がつとめることになっている。在籍年数が長く、チームを代表する選手だからということもあるが、それだけではない。松田耕平と衣笠祥雄のあいだに、なにかしら通じ合うものがあるのだということを、選手たちが知っているからだ。オーナーと選手という関係をこえたところで、かれらはコミュニケートしている。

衣笠が、ここまで長く第一線で活躍してきたことと、オーナーの存在は無関係ではない。オーナーの庇護《ひご》があったから、どんなときでもレギュラーから外されなかった、というのではない。そういうことではなく、衣笠には松田耕平が経営する広島カープという球団に自分の最良のものを残しておきたいという意欲に支えられて野球をつづけてきた一面がある。

かれはカープが好きなのだ。

だからどんなときでも前向きにやっていこうとしてきた。そういう心理を形成するのに、松田耕平の存在は小さくなかった。そういうことである。

松田は、戦争直後、広島マツダで仕事を始めている。販売店であり、同時にクルマの修理工場を兼ねていた。若い修理工たちもたくさんいた。広島は原爆で膨大な死者を出している。一夜にして父、母を失った家族が多い。そのような境遇にある、まだ十代の若い社員たちを、松田は自分のところに住まわせた。

松田耕平の長男、元《はじめ》は広島カープの常務取締役をしている。かれは昭和26年生まれだが、小さいときに、家の二階に大学生ぐらいの若者たちが何人も暮らしていたことをおぼえているという。

家庭が大事だという思いは、松田耕平の心のなかに信念として息づいている。耕平自身、松田家に生まれたが必ずしも平穏な幼年期を過ごしたわけではないという体験が、その背景にはあるのかもしれない。

カープのピッチャーとして活躍している大野《おおの》が結婚するときに、松田耕平は喜んで親がわりをつとめた。大野には父親がいなかったからだ。そして松田は披露宴で、本来なら主賓の座につくべき立場の人間なのだが、家族たちの坐る末席に腰をおろした。

衣笠もむずかしい家庭環境で育っている。両親はすでに亡くなっている。母親が子供を連れて再婚した先が、衣笠家だった。

衣笠がカープに入団したのは昭和40年。その時点でいえば、松田耕平は東洋工業の副社長。球団ではオーナー代行をつとめていた。かれがオーナーになるのは、先代の松田恒次《つねじ》が亡くなったあとのことで、昭和45年の11月である。衣笠の連続出場が、その年の10月に始まっているから、奇《く》しくも二人は同じ時期に、新たなステップを踏みだしたことになる。

十代の終わりから二十代のはじめ、衣笠は手におえない若者だった。契約金は約一千万円だったといわれている。そのカネで大きなクルマを買った。中古のフォードで、それを乗りまわしては遊んでいた。そのころの監督がマツダの小型車に乗っているとき、入団間もない衣笠が、その二倍も三倍もありそうなメタリックブルーの、巨大なフォードに乗っていたのである。

松田耕平は、そのころ四十代の半ばだ。かれは衣笠を呼んで、もうおまえに給料を直接支払わないと、通告した。おれがあずかるというわけだった。そのかわり、カネが必要なときにはいってこい、その都度、渡してやる。それを松田は、衣笠が結婚するまでつづけた。

「あのころは、何といったかな、青山《あおやま》ミチとかいう歌手がいたでしょう。ああいう感じのコが好きだったり、まあ、ちゃらちゃらしてたんだ。一時期、クルマの免許もとりあげたことがあるね。給料はそっくり貯金しておいた。本人の名前でね。それで結婚したとき、預金通帳と印鑑を奥さんに渡してあげたんだよ」

松田は衣笠を家族の一員のように遇してきた。

やがて衣笠に子どもが生まれた。衣笠が子どもを連れて松田のところに遊びに行くと、子どもは松田夫人を「おばあちゃん」と呼ぶ。すると、夫人は「おばあちゃんの年じゃないわよ、おばちゃんと呼びなさい」といって叱る。そんな話を、松田はうれしそうに語るのだ。

衣笠が遠征に出て、子どもがさみしがっているとき、松田は仕事の途中、衣笠の家に立ち寄り、子どもの相手をしてやることもあった。自分の孫のように抱いて散歩に連れだすのだ。

衣笠は、昭和45年に初めてアメリカへ行った。シーズンが終わったあと、教育リーグに参加するため、アリゾナへ出向いた。それがカープの第一回の教育リーグへの選手派遣だった。

衣笠は松田に土産を買ってきた。トルコ石の飾りのついたループタイで、松田は今でもこれを大切にしている。

松田とユニフォームを脱いだときの衣笠とのあいだに、遠慮はない。ときどき衣笠は松田にいう。

「だってもう、親もとで過ごした時間より、カープで過ごした時間のほうがずっと長いんだからね」


毎年、オフに行われる契約更改で、衣笠はもめたことがない。球団が提示する金額を確認する前に、かれはもう印鑑を押すつもりになっている。

「だけど、あんまり簡単に話し合いが終わったんじゃつまらないというんで、ひとしきり雑談していくんですよ。酒を飲みすぎているんじゃないかとか、身体の調子はどうかとか、あの子は心配してくれるね。それでころあいを見はからって、交渉成立ということで外に出ていく。新聞記者に聞かれると、あの子はむずかしそうな顔をして神妙に交渉のやりとりを話してやるわけだね」

契約内容は、もはや話し合うべきテーマではないのである。それをこえたところで、コミュニケーションが成立している。

古葉監督が辞任し、次の監督をどうするかという問題がもちあがったことがあった。昭和60年のオフである。

オーナー宅に、阿南コーチ、山本浩二、それに衣笠が呼ばれた。

松田は山本浩二に、監督をやってみたらどうかといった。山本は地元、広島の出身であり、カープの中心選手である。一度はカープの監督をつとめるべき人材だ。山本は迷っていた。もう一年、現役をつづけたいという希望を持っていた。それに、外からも一度、野球を見てみたいという気もある。

阿南は、自分は全面的にバックアップする、だから監督をやってみないかと山本にいった。そのときは山本の「あと一年は現役で」という気持ちが強く、それじゃ阿南、おまえがやってくれというオーナーの決断で、監督問題に決着がついた。

衣笠はそのとき「カープの野球を知っている人にバトンを渡すということだけは忘れないでほしい」と注文をつけた。昭和50年代にカープが築いてきたノウハウを引き継いでいくことを前提にしなければ、チームはガタガタになってしまう。

衣笠はそれだけいうと、あとはややもすると深刻になりがちなその場の空気をほぐすことに終始した。ときに冗談をいってみたり、自分から席を立って、隣の部屋にいる松田夫人と話をしたり、外では新聞記者が待ちかまえているようだからそろそろ切りあげたほうがいい、おれがスポークスマンをつとめようか、と気軽な調子でいった。

山本浩二と衣笠は、同年齢。法大を卒業して四年遅れでカープに入ってきた山本が、のちにミスター赤ヘルになった。この二人はいろいろな角度から比較されるが、グラウンドを離れたところでの機転、フットワークの良さでは、衣笠のほうが一枚上手かもしれない。ユニフォームを着たときの山本には華があり、ホームランバッターとしてチームを引っ張ってきた選手特有の剛直さがある。衣笠は、人間関係のマネジメントでは、おどろくほどの柔軟性を持っている。どちらがいいというのではない。その違いが、面白い。

その二人が、十年以上にわたってチームを引っ張ってきた。カープの強さは、この二種類の個性の調和の上でこそ発揮されたのではないか。そんなことを考えさせられるのだ。

衣笠祥雄の二一三〇試合連続出場が、今日の夜のゲームで達成されるだろうという6月11日、松田耕平は、やがて頼まれるであろうパーティーのスピーチのことを考えていた。タイ記録をすぎ、新記録を達成した日、松田はごく身近な関係者を招きパーティーを開く計画をたてている。

衣笠の記録のための十八年間は、自分にとっても多難な歳月だった。東洋工業の社長になり、その十一年後には相談役に退いた。いろいろなことがあった。

この正月に護国《ごこく》神社に詣《もう》でたとき、かれはチームの優勝と、衣笠の記録達成を祈願した。そのことをナインの前で語った。一選手のことを祈願する、しかもそれをチーム全体のミーティングで話すのはやりすぎではないか、という声をあとで聞かされた。が、かれは構わないではないか、と思った。監督、コーチ、選手、そして球団のスタッフたちを前に話しはじめたとき、「素直にすーっと」その話が口をついて出てきてしまったのだ、という。

――これからが衣笠の記録なんだ。二一三〇まではルー・ゲーリッグの記録だった。これからが歴史に残る日々になる。大事にやってほしいと思う。

そういう思いを、うまく言葉にしたい。

もう一つ、かれが思い出したことがある。その数日前に、松田耕平は、あるカセットテープに吹きこまれた音楽を聴かされた。作曲家の杉本竜一《すぎもとりゆういち》が球団に依頼されて書いた曲だった。限りなき挑戦、というタイトルがついている。ボーカルはなし。シンセサイザーを用いて、全体としては交響詩という感じのつくりになっている。

それを松田は、球場の二階にあるオーナー室で聴いた。一人ではなかった。作曲家の杉本、それに球団のスタッフも同席していた。

シンセサイザーの、虚空にかけのぼっていくような音に耳を傾けると、オーナーは横を向いた。後方にいる秘書にいった。

「暑いなあ。クーラーきいとるんか」

そして、かれはさとられないように額から目がしらにかけて、汗のようなものを手でぬぐった。

——このぶんだと、区切りのヒットは内野安打になるかもしれないな。そうそういいことがつづくわけがない。ボテボテの内野安打で記録達成。しかしそれも、自分らしくていいんじゃないか……。

衣笠祥雄はダイヤモンドを一周しながら、そんなことを考えていた、という。

6月14日のゲームである。徳山《とくやま》で行われた対中日戦、デーゲームだった。その前日、衣笠は広島球場で行われたゲームに出場。それによって連続試合出場記録を二一三一と伸ばした。ルー・ゲーリッグの記録を抜き、未知の領域に入ったわけである。

そして、その次には通算二五〇〇本安打という「記録」が待ちかまえていた。

13日のゲームを終えたところで通算安打は二四九八本。あと二本で二五〇〇本安打になるという時点で、徳山でのゲームを迎えた。その第一打席、衣笠は中日の先発・森口《もりぐち》からホームランを打った。それが二四九九本目のヒット。ゆっくりとダイヤモンドをまわりながら、かれは、次はボテボテの内野安打で記録達成……というようなことを考えていたのである。

「ぼくに野球を与えてくれた神様――」という表現を、衣笠は二一三一試合目のセレモニーで用いた。何よりもまず、その〝神〟に感謝しなければいけない、と。

その「神様」も、二五〇〇本目という記念安打をホームランで飾らせてくれるほど甘くはないと思ったのだろう。その一本前にホームランをプレゼントしてくれるかわりに、二五〇〇本目のヒットは内野安打。それもまた、苦労しながらやっとのことでここまでたどりついた自分にふさわしいのかもしれない。そういう思いである。五〇〇本に近いホームランを打ち、その数だけダイヤモンドをゆっくりとまわったことがある選手は、ベースを一つ一つ踏みながらそんなことを考える余裕がある。

ところが次の打席、衣笠は中日の二番手投手、江本《えもと》からまたホームランを打った。二打席連続ホーマー。それが二五〇〇本目のヒットになった。

前日は、夜おそく徳山入りしている。地元・広島でのデーゲームを終えると、かれはユニフォーム姿のまま市内のグランドホテルへ向かった。「新記録」達成の記者会見を行い、そのあとあらかじめ予約しておいた部屋でシャワーを浴び服を着がえて同じホテルで開かれたパーティーに出席。パーティーはごく身近な関係者だけを招いたもので、カープのオーナー、松田耕平が開いたものだ。

そのあと衣笠は家族を自宅に送りとどけ、広島駅へ。新幹線で徳山に入った。その晩「鉄人・衣笠」を特集したテレビ番組がオンエアされ、かれ自身、楽しみにしていたのだが、眠くて見ることができなかった。うつらうつらしているとき、タバコの灰が左の腕に落ち、それでハッとわれにかえる、といった状態だったという。

疲れていないといえばウソになる。そういうコンディションでゲームにのぞみ、たてつづけに二本のホームランを打った。

翌15日は移動日、飛行機で東京に移動するのだが、その前にかれは県庁に向かった。県民栄誉賞の表彰を受けるためである。そして、その間にもう一つのニュースが伝えられた。政府が衣笠に国民栄誉賞を与えることを内定したというのだった。

あわただしい日々である。

東京に着いた晩、ひさびさに落ち着いた食事をとり、酒を飲んだ。

些細《ささい》なことだが、ここに書いておきたい話があった。

かれはここしばらくのあいだ、何度も記者会見に応じてきた。いろいろなことを聞かれ、かれが答える。するとその一部が、コメントとして流布していくのだという。

「たとえば、このあいだ、この記録を達成するために家族を犠牲にしてきたと思いますか、と聞かれたんだ。ぼくは答えた。そうですね、犠牲にしてきたともいえるでしょうね、と。どういうことかというと、といって、ぼくはそのあとにも話をつづけたんだけど、テレビのニュースなんかの場合、そこまで紹介してくれないんだよね。ぼくは家庭を犠牲にしてきたという発言だけが前に出てしまう」

そういって衣笠は苦笑した。

かれがいいたかったのは、こういうことだ——。プロ野球の選手は年のうち半分は遠征で家をあける。それが仕事なんだから、仕方がない。サラリーマンでも誰でも仕事をしていれば、そのためにガマンしなければいけないことがある。今日はのんびりと子どもと遊びたいなと思っても、そうはいかない。子どもも寂しいだろうが、親だって寂しい。その気持ちを持ちながら、仕事をする。そういうことを称して、家庭を犠牲にしているというのなら、ぼくは家庭を犠牲にしてきたといえる……。

家庭をかえりみることをせずに野球をつづけてきたのではない。そこらへんが誤解されて、かれは苦笑せざるをえなかったようなのだ。


家庭、そして家族。

それは衣笠祥雄という、四十歳になるプロ野球選手にとって、大きな意味をもっている。連続試合出場記録という一つの側面からいえば、この家庭なしに、この記録はありえなかった、とさえいえるかもしれない。

正子《まさこ》夫人と二人の子どもたち。それが衣笠の家族だ。

正子夫人は、表に出ることを嫌う。「野球は主人の仕事の現場。それと家庭は別。主人の仕事のことに関して私が何かをいったり、口をはさんだりしないことが、一番いいのではないか」と、考えている。

その姿勢は変わらない。正子さんが、例えばテレビや雑誌のインタビューに応じることはない。どうしてもというときは、球団の広報を通じてコメントが出される。それくらい徹底している。

秘密主義なのではない。引っ込み思案なのでもない。しいていえば、出しゃばるのが嫌いなのだろう。衣笠夫妻と身近に接する機会がいく度かあったが、ひとことで感想をいうと、そういうことになる。

衣笠が正子夫人を前にして、こんな話をしたことがある。

「結婚して間もないころのことだよ。朝、彼女が電話をしているんだ。その声が聞こえて、目がさめた。みそ汁がどうしたこうしたといっている。何の話だ、誰と話をしているんだと聞き耳をたてたら、実家に電話をしているんだね。実家のおかあさんにみそ汁の作り方を聞いているんだ。ガバッと起きあがりましたよ。おいおい、みそ汁の作り方も知らないで大丈夫かい、本当に大丈夫？　思わず顔を見て聞きましたよ」

こういう話になると衣笠は、面白がらせようとして、話がオーバーになる。それを正子夫人はニコニコしながら聞いていた。

「ぼくは小さいときから、何でも一人でやってきたほうなんだ。まだ電気釜《がま》もないころだから、かまどでごはんをたいたこともありますよ。たいていのことはできる。彼女はそんなことをしないでいい環境で育ったからね」

衣笠はそう付け加えた。

二人が結婚したのは、昭和46年のことだ。衣笠が二十四歳、正子さんは二十一歳だった。知り合ったのは、もっと前にさかのぼる。二人とも京都の生まれで、正子さんによると、中学のころから衣笠を知っていたという。衣笠が平安高校で本格的に野球をやりはじめると、彼女はときどきゲームを見にいった。

平安高校で、当時野球部の監督をつとめていた中村雅彦によると、あのころは練習を始める前に、レフトの定位置のずっと奥のほうにノックで大きなファウルボールを打ちあげることがしばしばあった、という。

ホームプレートから見ると、レフトの定位置のその向こう側に校舎があり、そのさらに左側、野球場でいえばレフトのポールが立っているあたりに女子高生がかたまって平安野球部の練習を見にきていたのだという。中村監督は、練習前にまず、彼女たちを蹴散らさなければならないと考えたのである。そのためのノックだった。そうでないと、生徒たちが練習中にレフト方向からの視線を意識してしまう。

高校生のころ、衣笠はキャッチャーをしていた。

「だから今でも私は、キャッチャーをしていたころの衣笠が好きですよ」

正子さんはそういった。

「なぜですか？」

「さあ、なぜでしょう。最初にかれの野球を見たときにキャッチャーをしていたからでしょうね。キャッチャーというのは、守備についているとき、一人だけ別の方向を見ているでしょう。ネット裏から見ると、ほかの選手は皆こちらを見ているのに、キャッチャーだけネットに背を向けている。マスクをかぶって、プロテクターをつけて……そういう姿がなんとなく格好よく見えたのかもしれませんね」

その後、プロ入りしてから衣笠は一塁へ、さらに三塁へとコンバートされた。プロ野球選手・衣笠祥雄のイメージは三塁手、あるいは一塁手のそれである。

だけれども、

「キャッチャーがいい」

と、彼女はいい張って譲らない。そこにこの夫婦の原点があるのだろうと思えた。

結婚するときに、二人のあいだで取りかわした約束がある。そのことも、ここに書いておきたい。

衣笠は肉が好きで、魚が嫌いだ。寿司《すし》屋へ行くと、食べるものがなくて困ってしまう。それくらい魚がダメだ、という。それでも行きつけの寿司屋がある。衣笠にいわせると、魚は嫌いだがお寿司屋さんのあの雰囲気が好きなのだ、という。威勢がよくて、話がポンポンとはずむ。それが好きでお寿司屋さんに行く。迎えるほうも心得たもので、衣笠が食事にくると知らされるとこっそりと肉を用意しておく。


それはともかく――。

正子夫人としては、夫に好きな肉ばかりでなくいろいろなものを食べてほしいと思う。偏食は選手寿命を縮めるかもしれない。

だから、「私が作った料理は、嫌いなものでも最低一度は、箸《はし》をつけてほしい」――それが二人の約束ごとの第一である。

衣笠は逆に正子夫人に注文をつけた、という。体重制限である。その正確なキロ数までは書かないが、××キロ以上にはならないこと、というものだった。

第三は、お互いの家族のことだ。それぞれに異なる環境のなかで育っている。考え方が違う場合も出てくる。それについてはお互いに文句をいわないこと。そういう約束事もあった。

そうして始まった結婚生活だった。

今シーズンの開幕戦を明日に控えた４月９日の夜、衣笠家をおとずれた。開幕前夜は、野球を離れた友人たちと食事をするのが常だという。その日は、衣笠家が子どもたちも含め家族ぐるみで付き合っている地元の二組の夫婦が開幕を祝いに来ていた。にぎやかな食卓だった。衣笠は、アメリカのジャズの大御所たちが、一堂に会して開いたコンサートのＬＤ《レーザーディスク》をかけた。かれはジャズを、そしてクラシックを好んで聴く。

出された料理の器はそれぞれにいわくがありそうなものだった。あまり知られていないが、この夫婦は陶芸が好きで、オフシーズンに、折を見ては窯元をたずねるのだという。

それと、もう一つの共通した趣味は、美術品だ。

この冬、夫婦は雪のニューヨークに旅をした。限られた時間のなかだが是非とも行ってみたいところが二か所あると、二人はいっていた。一か所はメトロポリタン・ミュージアム。もう一つは、モルガン・ミュージアムである。

話を元に戻すと、開幕前夜、当然のごとく食卓には大きな尾頭つきの鯛《たい》が並んだ。真鯛の活作《いきづく》りである。

魚嫌いの衣笠だが、「これはやっぱり、食べなければね」といって箸を持った。夫婦の約束事は、ちゃんと守られているらしい。

三切れで、さすがに箸を置いた。

「よし、これで明日はヒットを三本、打てるよ」

翌日の開幕戦、衣笠は大洋の先発、遠藤からヒットを三本打った。野球にはそういう偶然もあるので、面白い。

ナイターを終えて、自宅に戻るのは早いときでも9時半ごろだ。かれは着がえをすませると、さっと家路につく。ゲームが長びくと10時をすぎる。それから食事が始まる。バットの素振りもある。眠りにつくのは深夜だ。子どもたちと話をする時間は限られている。

そのため、週末の地元でのゲームが終わったあとの時間は「大切にしている」と、衣笠はいっていた。夕方にゲームが終わると、まだ明るいうちに家に戻り、庭でバーベキューをしながら子どもたちと話をするのだという。

「だから、その日はぜったい、ほかの仕事を入れないでほしい」

チームの広報担当者は衣笠からそういわれている。

そういう家庭を、この夫婦は十数年かけて、築いてきた。

「つらかったのは、昨シーズンだね」

衣笠が思い出すようにいうのだった。

「自分でもハラがたつくらいに打てない。そういう時期があった。女房にはぜったいに読ませたくないような手紙もくる。いいたいことを一方的にまくしたててガチャンと切れてしまうような、そういう電話もかかってくる。たまらないですよ」

「ぼくは、家で野球のＶＴＲやニュースを見ることはほとんどといっていいくらいにない。例外はアメリカのメジャーリーグのＶＴＲ。これだけは好きで、いろんなゲームのＶＴＲを取り寄せては見ている。それを見ながら、女房に解説をするんだ。あるプレーのポイントがどこにあるのか、なぜ今のプレーが素晴らしいのか、話してあげる。彼女はめったに野球を見にいかない人だけど、野球については詳しい。ぼくのアメリカ野球の解説を聞いているからね」

「その女房が、去年、一度だけ、いったんだ。最近は全然、解説を聞かせてくれないのねって。それぐらい、ぼくは余裕をなくしていたのかもしれない。そのひとことは、しばらく耳に残った。自分でも気づかないうちに、好きなアメリカ野球も見られなくなっていたんだね」

そういうときに、妻がさりげないひとことを投げかける。それを夫が奥深いところで受けとめる。

ひそやかな、なにげない言葉のキャッチボール。ウチはそういう家庭なのだと、かれはいいたかったのかもしれない。

「野球を通じていろんな人間と出会ってきた。そのなかで一番ぼくに強い影響を与えたのは女房だろうね。これだけは間違いない。あの人がいなかったら、ぼくは別の人生を歩いていただろうね」

国民栄誉賞が内定した夜、衣笠はしみじみというのだった。

ゲームが終わると、とたんに球場はひっそりとしてしまう。照明灯のあかりが一つずつ消えていき、ネット裏二階席にある記者席の蛍光灯のあかりだけが、ほのかに浮かびあがる。

その日は、違った。ゲームが終わったあと、レーザー光線が広島市民球場の上空に舞った。6月23日のことだ。その前日、衣笠祥雄は東京・永田町《ながたちょう》の首相官邸におもむき、国民栄誉賞の表彰を受けた。自分の記録がそういう形で評価されるとは、かれ自身も考えてもいなかった。遠征先の旭川《あさひかわ》から広島に戻る途中、東京に立ち寄り、そして、その日のうちに広島に戻った。翌日には、またゲームがあるからだ。

23日は、「記録達成」後、初めての市民球場でのゲームということで、試合前にコミッショナーをはじめとするプロ野球関係諸団体からの表彰が行われた。そして試合終了後はレーザー光線を用いたちょっとしたイベントと、衣笠自身のあいさつである。

「やっとここまできたよ」

衣笠はしみじみといっていた。

「記録達成」前あたりから、かれは渦のなかに巻きこまれたようなものだった。セレモニーが相ついだ。

それがやっと、6月23日で一段落する。

それまでは気を張りつづけていた。責任感の強いかれのことだから、連続試合出場記録が「二一三一」になったところでホッとすることなどなかったのだろう。

その区切りの一ヨも、過ぎた。

スタンドには誰もいなくなり、おそくまでついていた記者席のあかりも消えた。

しかし、そこから始まるものがある。

衣笠祥雄はやっと、落ち着いて自分のことを考えることができる。

「今年は考えることがたくさんあるよ」

1月に、衣笠はいった。

正確に書くと、それは1月18日のことで、その日はかれのちょうど四十歳の誕生日だった。節目となるその日に、かれは飛行機に乗っていた。成田からニューヨークへ向かう直行便。夫婦そろって野球の殿堂のあるクーパースタウンに行くという旅の途上だった。

「記録のことだけじゃない。自分がやってきた野球のこと、自分の人生のこと、そしてこれから先のこと……いろんなことを考えなくてはいけない。考えておきたいんだ。シーズンが始まれば、頭のなかは野球でいっぱいになってしまうかもしれない。いつもそうだから。でも今年は、ほかのことも考えるだろうと思う。それが楽しみでもあるんだ……」

そんな話を聞きながら、衣笠祥雄にとって野球とは何だったのだろうか、と思った。

そういう直接的な問いかけはしなかったものの、話をしているとおのずとテーマはそこにいきついてしまう。

「そうだなあ、結局、野球をやっているうちは、ぼくはまだ青春なんだろうな」

という答えが出てくることもあった。少し気どっているときだ。

またあるときは、かれはじっと考えこみ、「すべてだね」と、つぶやくようにいうのだった。野球がすべてなんだ、野球をしていなかったら、自分がどんな人生を歩むことになったのか……わからないね。思い浮かぶイメージを頭のなかから振りはらうように、かれはいった。

母親が亡くなったときの話をしてくれたことがある。シーズンの途中で、かれが連絡を受けたとき、もうすでに母親はこの世からいなくなっていた。移動の途中、京都に立ち寄り、また次のゲームに出場するために京都を離れた。

衣笠祥雄を生み、そして育てた母親が残していったものがある。衣笠は、そのシーズンが終わって落ち着いてから、仏壇を整理しているときに、母親が書きのこしたものを見つけたのだ、という。

そのなかにかれの興味をひくことがらが書かれていたのか、どうなのか。かれを生み、一人で育て、やがて再婚した母親が、生前に語れなかったこともある。

「結局ね、ぼくはそれを燃やしたんだ。そうするのが一番いいことだろうと思った」

母の思いを、かれは自分の胸のなかにおさめ、それでよしとしたのである。

「野球っていうのは、大きいよ。たとえば子どものころだって、ぼくは野球をやっていたでしょう。まあ、どちらかといえばうまいほうだった。するとね、まわりのみんなが認めてくれるんだ。あいつは野球をやらせるとちょっとしたもんなんだってね。バッターボックスに立ってホームランを打つ。やっぱりすごいと、まぶしそうに見てくれる。これは大きいですよ」

自分に自信をつけることができる。それが衣笠にとっての野球の始まりだった。

プロ入りしたのはドラフト制度ができる前の年で、当時の広島カープ、木庭《きにわ》スカウト

（現・大洋ホエールズ）は、衣笠のいる平安高校が39年夏の甲子園準々決勝で敗れたその日に、衣笠家にあいさつに行っている。長打力を秘めた、俊敏なキャッチャー。そういう衣笠に着目したのはカープだけではなかった。四、五チームが当時の平安高校、中村監督を通じてプロ入りを打診している。中村監督は「一番熱心に誘ってくれたこと、一番最初にいってきてくれたこと、それに条件面も考慮して」カープがいいのではないかと衣笠にいった。

期待されて入団したルーキーだった。ところが、衣笠に対する評価は一年目にいきなり肩を痛めてしまったことで低下する。かれはだいぶ落ちこんだらしい。そのころのかれは日記をつけていた。日南《にちなん》のキャンプ地のすぐ近くの海岸を一人歩きながら将来に対する漠とした不安をどうすることもできず、浜辺の小石と対話するといったような記述が、折にふれて出てくるのだという。

そのころから行動をともにすることが多かった福永富雄は現在、カープのチーフ・トレーナーをしているのだが、福永は衣笠が、いっそもう、レーサーにでもなるかと、真剣な顔つきでいいだしたことがあるのをおぼえている。

「クルマが好き、スピードが好き。野球がダメならレーサーに転向だと考えたんでしょうね。あのころは何人か、有名なレーサーが登場してきたころですからね」

行きつけの店は広島市内・流川《ながれかわ》にある「ジャズ倶楽部《くらぶ》」で、この店は今でも当時のまま残っている。いわゆるジャズ喫茶である。

「あのころは岩国《いわくに》の基地から遊びにくるアメリカ兵も多かった。衣笠が好きだったのはジョン・コルトレーン。飲むのはドライ・マティーニかズブロフカ。仲良くなった米兵が何人かいて、明日出港だというのでどこへ行くのか聞くと、ベトナムだという。そういう雰囲気だった」

と、福永はいう。

衣笠にとっては迷いの多かった年ごろだ。

そこからまた一歩、はいあがることができたのも野球があったからだ。衣笠はキャッチャーから一塁にコンバートされた。そのころの正一塁手は興津立雄《おきつたつお》。カープの中心打者として活躍した選手だった。その興津を三塁にコンバートして衣笠を一塁に起用した。やがて衣笠は三塁にコンバートされるのだが、それには興津選手の前例があったわけである。

衣笠は一塁にコンバートされたとき、先輩の興津がファーストミットの型の作り方を教えてくれたことを、おぼえている。そのころのグラブは最近のものに比べると硬く、自分の使いやすい形にするのには手間をかけなければならなかった。

　ともあれ、そこから衣笠祥雄の「記録」はスタートするわけである。

「野球が……すべてだ」

　と、衣笠祥雄がいうとき、かれの脳裡には、そういったもろもろの記憶の断片が見えているはずだ。

「正直いって、引退を考えたことは何度もあるよ。例えばね、昭和59年にMVPをとった。初めて三割も打った。打点王のタイトルもとった。あの時点でやめたらカッコいいだろうなと思いましたよ。だけどやめられなかったね。そしたら翌年、成績が下がった。今度は、このままじゃやめるにやめられないと思った。タイミングを失したんだよ。ハハハハ」

　そう笑いとばしたあと、かれはつづけていうのだ。

「ユニフォームを脱ぐのは、実感としてはわからないけど、寂しいことだと思う。だって、もう二度とあのバッターボックスに立てないんだよ。それがどういうことかわかる？　あそこほどスリリングな場所はないんだ。三つストライクをとられる前に、打つ。集中力、読み、技術、力……そのすべてが一瞬のうちにためされるんだよ。ぼくはギャンブルをやろうなどと考えたことは一度もない。なぜなら、あのバッターボックスに立っているときのほうが、他のどんなことよりもスリリングなんだからね」

キャンプのときにはこういっていた――、

「ユニフォームを脱いでも、それまでと同じようにロッカールームに入っていかれると思うんだ。みんな、それまでと同じようにぼくを迎えてくれるだろう。大笑いしながらバカ話をして、リラックスして、それからゲームにのぞむ。そこまでは同じだよ。だけどね、ぼくはロッカーに一人とり残されてしまうんだ。いや、その前にロッカーを出なくちゃいけないな。もうみんなと同じようにユニフォームを着てダグアウトに行くことができない。あたたかいキャンプ地で、春の日ざしをあびながら外野の芝生の匂いをかぎ、柔軟体操をすることもできないんだからね」

バッターボックス。ロッカールーム。ダグアウト。外野の芝。そして試合が始まった直後の、まだ誰もスパイクのあとをつけていない真っ白な三塁ベース……。

〝野球〟に囲まれて、かれは生きてきた。そして、野球があらゆるものを自分に与えてくれた。高額な年収。記録。名誉。そのうえさらに自分なりの世界観をも作り上げてくれた。

「だからね、ぼくにはもう次に何をやるべきか、見えている」

衣笠はいった。

「これからは、自分のこの体を使って、ちょっとした実験をしてみようと思うんだ」

広島球場のライトスタンドの下は、しばらく前まで球場建設時のままで、土盛りだった。その土をかき出して、球団はトレーニングルームを造った。いわゆるパワーアップ・トレーニングをするための様々なマシンが並んでいる。身体全体の筋肉をバランスよくパワーアップすることもできるし、特定の筋肉の力を集中的に増大させることもできる。ここ数年、日本のプロ野球界もこの種のマシンを用いたトレーニングに本格的に取り組むようになってきた。

衣笠は、これまでマシン・トレーニングとは、一定以上の距離をおいてきた。かれにいわせると、データが絶対的に不足している、という。

「情報があるようで、じつはないんですよ。例えばアメリカの野球選手は日本の選手に比べると練習量が数分の一だといわれることがある。キャンプ地でもそんなに練習していないよ、という。だから、われわれは練習のしすぎだ、もっと減らしたほうがいいという人もいる。そうだろうか。そんな単純なことだろうか、と思うんですよ」

「また、それとは逆に、かれらは球場に来る前に、それぞれ自分ですべきことをやっているんだ、という人もいる。日本に来るアメリカの選手に聞いても、どうもはっきりしない。ぼく自身、まだ、こうすればいいんだというノウハウを持っていない。身長が175cm、体重が72kg。それがぼくに与えられているものです。この体でホームランを五〇〇本近く打ってきた。シーズンに何本かは、振ったら入ってしまったというホームランもあるけど、ほとんどは自分のこの体で打つものですね。ぼくはパワーはない、バットのヘッドスピードの速さでホームランを打ってきたと思っている。だから、そのヘッドスピードを落とさないために素振りを欠かさない。そういうやり方をしてきた。しかし、それがすべてではないとも思うんだ……」

これまではバッティングフォームは変えても、トレーニングの基本は変えなかった。それなりに満足できるコンディションを保ってこられたのだから、なかなか新たな方法は採りにくい。それによってどういうマイナス面が出てくるか、予測できないだけに、不安感が先に立つ。それを、記録の面では一段落ついた今の時期に、かれは切りかえてみようとしている。

今まで減らすことのなかった素振りが、まず激減するだろう。それに代わって、パワーアップ・トレーニングのメニューが加わるはずだ。それが夏に向けてどういう影響をもたらすのか。

　昨シーズンのオフ、カープ球団は、おそらく他の球団では使っていないであろう測定器を買い入れた。動体視力計である。ふつうの視力ではなく、一定のスピードで近づいてくるものをどの段階で識別できるか、その視力を測定する装置である。

　動体視力で群を抜く成績を示したのは、同じチームの高橋慶彦《たかはしよしひこ》選手だった。衣笠は、高橋には及ばないものの、それに次ぐ動体視力の良さを発揮した。四十歳になって、まだ目は衰えていない。

　だとすれば、まだこれから新しいトレーニング方法に取り組む余地が自分には残されているのではないか。

　そのころから衣笠は、自分の体で実験をしてみようと考えるようになったようだ。

「四十歳になってなお現役をつづけていこうという場合、どういうトレーニング方法が一番いいのか、成功するにせよ失敗するにせよ。一つのデータを、ぼくは残すことができると思う。それが狙いですね」

　衣笠のあとにつづく選手が、どういう形で出てくるか、予想しがたい。現役選手で衣笠に次ぐ連続出場をつづけているのはカープの山崎で、その記録はまだ四〇〇試合台でしかない。しかし、いつか衣笠の記録に追いつき、追いこす選手が現れる可能性はある。現れてほしい、と衣笠はいっている。そうすれば、初めてこの記録について語りあえる仲間ができるのだ。それを待ちたい、という。そのためにも、プロスポーツ選手として晩年にさしかかったときの、最も合理的なトレーニング方法を知っておきたい。

衣笠は、また、次の目的を設定したわけである。

「記録」にまつわる興奮がやっと静まり、消えていこうとしている。広島市民球場には、前夜の雰囲気を残すものは何一つない。わずかに、クリーナーに吸いこまれずにすんだ紙吹雪が、二つ三つ、グラウンドに落ちている。

6月24日の午後、ユニフォームに着がえた衣笠は、それを踏みしめて、またいつものように、グラウンドに出ていった。

『バットマンに栄冠を』(角川書店)より

終章

引退

一本杉球場にて

1986（昭和61）年

鉄柵《てつさく》のあいだから、何本もの手が突きだしていた。

鉄柵はバックネットのきれるあたりから内野席にかけて張りめぐらされているものである。手首がゆったりとおるほどのすき間があるわけではない。それをこじあけるようにして、子どもの手も、大人の手も同じように突きだされた。

背番号28をつけ、かつての阪神タイガースのストライプのユニフォームを着た江夏豊が、最後のマウンドをおり、花束をかかえて球場を一周しようとしたときだった。江夏投手と最後の握手をしようと、スタンドにいるファンが鉄柵のあいだから手をさしのべたのだ。

江夏は立ちどまり、そして右手をさしだした。

1月19日のことだった。

その日、江夏豊の引退試合が〈一本杉球場《いっぽんすぎ》〉で行われた。

一本杉球場――間違いなくそういう名称を持った球場である。正確に書けば、多摩《たま》市営一本杉球場ということになる。ここでイースタンリーグの公式戦が行われることもある。

その一本杉球場が江夏投手の日本における最後のマウンドになった。

ぼくはその日の昼すぎ、新宿《しんじゅく》駅から京王《けいおう》線の特急にとびのった。調布で降り、多摩センター行きの各駅停車に乗りかえた。一本杉球場に行くには多摩センター駅前からバスに乗らなければならない。丘陵をのぼっていく。ふだんはこれほど人や車が集まることはないのだろう。球場近くに行くと、決して広くはない道路の片側が駐車中の車でいっぱいになっている。入場者数は1万6000人と発表された。ネット裏も内野席も外野席も、すでにして腰をおろす場所がない。

考えてみれば、とても風変わりな引退試合だった。

江夏豊がどれほどの記録を残したピッチャーかは、野球ファンであれば誰でも知っているはずだ。『オフィシャル・ベースボール・ガイド』の江夏豊のページをあらためて広げてみよう。1967年から84年までの十八年間に、江夏は阪神、南海、広島、日ハム、西武と五つの球団をわたり歩いている。登板試合数は八二九。二〇六勝一五八敗一九三セーブ。投球回数は、三一九六イニングスを数える。相対したバッターは一万二六一八人。被本塁打は二九九本。奪三振は二九八七個。そして通算防御率は二・四九である。最多勝が二回、最多セーブ投手には六回、選ばれている。

阪神タイガース時代は優勝することができなかったが1979、80年と二年つづけて広島カープの優勝に貢献した。翌81年日ハムにうつり、リーグ優勝。82年はプレーオフで西武に敗れたが日ハムの後期優勝に欠くべからざる戦力だった。そして84年、西武ライオンズにトレード。それが最後のシーズンになってしまった。

江夏ほどの実績のある投手であるならば、もっと別の形で引退試合が行われてもおかしくない。

「江夏豊・たった一人の引退式」と名づけられたイベントを主催したのは文藝春秋社と名球会である。江夏は二〇〇勝ラインを突破し、名球会のメンバーになっている。かつて同じグラウンドに立ったプロ球界の仲間たちが江夏の引退試合を主催するという形をとることになった。しかし、名球会以上にこの企画を熱心におしすすめたのは文藝春秋社だろう。つまり、出版社がプロ野球選手の引退試合をプロデュースすることになったわけである。とても珍しいケースだといわざるをえない。

かつて江夏がわたり歩いてきた球団はそこに参加してくることはなかった。

文藝春秋社と江夏豊の関係は『スポーツ・グラフィック・ナンバー』という雑誌の創刊にはじまる。『ナンバー』が創刊されたのは80年4月。その半年ほど前に行われた日本シリーズで江夏は奇跡的ともいえるピッチングを見せた。三勝三敗で迎えた第七戦の9回裏、江夏は広島カープがわずかに1点リードしているマウンドに立ち、無死満塁のピンチを迎えるのだ。そして、その危機を絶妙のピッチングできりぬけてゆく。

『ナンバー』の創刊編集長だった岡崎満義《おかざきみつよし》氏とぼくが江夏に会ったのは80年1月2日のことだったと記憶している。場所は大阪のロイヤルホテルの一室。ぼくらはそこに日本シリーズ第七戦のビデオを持ちこんだ。『ナンバー』の創刊準備号に79年の日本シリーズ第七戦9回裏の江夏のピッチングを克明にトレースする文章をのせることになっていた。タイトルはもう決まっていた。「江夏の21球」である。9回裏に、江夏の投げた球数が二一だった。

江夏のインタビューを皮切りに、ぼくは多角的な取材を進めた。そして記事をまとめた。「江夏の21球」は創刊準備号に掲載され、ついで創刊号にも掲載されることになった。江夏は同時に『ナンバー』の創刊キャンペーン・キャラクターの一人だった。

そういった接点があって『ナンバー』創刊と江夏のイメージが重なっている部分がある。それ以後も、江夏は何度か『ナンバー』の特集のテーマになった。初代の岡崎編集長はその後、月刊『文藝春秋』の編集長を経て、広告企画部の仕事をするようになった。江夏の引退式というイベントのプロデューサーを引き受けやすい立場にいたわけである。

1月19日に、午後に一本杉球場で引退試合を行い、午後5時からホテル・ニューオータニでアメリカ、メジャーリーグ、ミルウォーキー・ブリュワーズの入団テストを受けるために出発する江夏の「壮行会」が行われた。その会を主催したのは『ナンバー』編集部である。

岡崎氏は「壮行会」の冒頭で、いきさつを説明した。

「……いくつかの球場に江夏投手の引退試合を行いたいので場所を貸してもらえないかと相談したのですが、後楽園球場は別の催しに使っている、横浜スタジアムは改修中、神宮球場、甲子園球場からは断られました。たまたま多摩市長さんにお願いできるルートがありまして、多摩市営一本杉球場を貸していただけることになったわけです……」

例えば甲子園球場が、江夏豊の引退試合に場所を提供したくないと考えるのはわからないでもない。江夏は十年ほど前にタイガースを出た選手であるし、今あらためて江夏が引退試合という形で甲子園に戻ってきたら大阪のタイガース・ファンは、どうしたってかつての江夏のことを思い出してしまうだろう。そして、トレードに出された江夏がどれだけ他チームの優勝に貢献したかも思い出してしまうはずだ。「阪神はなんちゅうアホなトレードをしたんや」と、今ごろになって、またいわれてしまうかもしれないのだ。それでなくともタイガースは弱体投手陣をかかえて再建に苦しんでいた。タイガースの二十一年ぶりの優勝は、この時点では、まだ、かげもかたちもない。そう簡単に、引退試合の場所を提供するわけにはいかなかったのだろう。

だとしても、しかしそれは小さなことだ。かつてタイガース・ファンは江夏のピッチングとともに喜び、嘆き、時にはハラをたて、あるいは溜飲《りゅういん》を下げてきた。南海、広島、日ハム、西武……どのチームのファンにしてもそうなのだ。また、江夏豊というピッチャーがいたからこそ日本のプロ野球の世界が活性化していた面もある。それはもちろん、江夏一人の力ではないが、江夏が果たしてきた役割は決して小さなものではない。少なくとも、ぼくはそう考えている。引退試合のための場を提供する球場があってもよかったのではないか。個々の事情は別として、実感的にそう思わざるをえない。

しかし、一本杉球場における引退試合は味わい深いものだった。

江夏は、かねてから親交のあるビートたけしのチームのリリーフという形でマウンドにあがった。

そうなのだ。引退試合は草野球のゲームのなかで行われた。

ぼくは、江夏が西武ライオンズを正式に退団した日のことを思い出した。

その日、江夏は午後から池袋《いけぶくろ》にある球団事務所に赴き、退団の手続きをすませた。ライオンズは江夏に自由契約をいいわたした。任意引退ではなかった。仮に任意引退であれば、その後何らかの形で江夏がユニフォームを着る場合、ライオンズ球団が交渉権を持つことになる。その時点では日本のどのプロ球団も江夏を獲得しようという動きを見せていなかった。それで自由契約ということになった。江夏は退団の記者会見を行い、球場のロッカールームにあった荷物もすべてひきあげた。

それもまた、区切りとなるべき一日だった。

退団の日にも、江夏は草野球を楽しんでいる。午前中である。神宮球場の近くにある草野球場で二試合に出場したといっていた。

「本当にすっきりした」

と、江夏は語っていた。

「球団事務所へ行って、荷物を全部、地下の駐車場におろした。そしてクルマに乗って走りだしたとき、何というんか、肩のあたりがすーっと楽になっていく気がしたんだ」

それが実感だろう。

その時点でいえば、江夏とミルウォーキー・ブリュワーズの話は固まってはいなかった。これでユニフォームを脱ぐことになる。そういう事態を受け入れる心構えはできていた。

「これが最後のマウンドだと自分にいいきかせて投げたのは、ライオンズの練習場だった」

江夏はいう。

「二軍の選手のシートバッティングでマウンドにあがった。もうシーズンが終わりかけているころだったね。ファームでずっとトレーニングを積んでいたからコンディションはよかったんだ。上（一軍）からは一度も江夏の調子はどうかと聞いてくることはなかったけどね。

いいピッチングができた。一球一球、たしかめるように投げた。十八年間、プロのマウンドにあがってつかんできたものが何だったのか、それをたしかめるために投げていた。

納得できた。一球投げるたびに、これなんだと自分で納得することができた。球数にしてどれくらいだろう……。四十～五十球、投げたと思う。その一つ一つが、納得できた」

「ならばもう一度、一軍のマウンドにあがることもできたはずなのに」——と、ぼくはいった。

「いや、自分のピッチングがどういうものだったのか、わかればそれでよかった。納得する形で投げおさめができてよかったと思った」

ぼくが江夏と会い、そんな話をかわしたのは12月に入ってからのことだった。

「昔、タイガースのキャンプに行ってたころのことだけど」

江夏はいうのだった。

「調子がだんだんとあがっていく。その段階になると、自分のイメージしたとおりの球が投げられるようになる。スピードも、コースも、変化球の切れ味も、ベストに近づいてくる。そういう状態になると、自分で納得できる球を何球か投げつづけてみようと心に決めるんだ。そしてキャッチャー・ミットに向かって一球、また一球と投げていく。これはちがう、まだちがう、まだ本来のおれのピッチングじゃないといいきかせながら、投げこんでいく。キャンプは、毎年そういう感じだった」

それが江夏のプロのピッチャーとしてのスタートであったとすれば、彼はとりあえずの幕を引くときにも、また同じように一球一球のスピードを、コースを、切れ味を確認しつつ、マウンドをおりたわけである。

日本のプロ野球に対する、彼らしい訣別《けつべつ》のしかただったのかもしれない。

何人ものバッターが、一本杉球場のバッターボックスに入った。

江夏の球を受けていたのは辻恭彦である。

辻はかつてタイガースのユニフォームを着て江夏の球を受けていた。その後、大洋ホエールズに移籍し、長い間、キャッチャーをつとめた。

「大洋に移ったころ、ピッチャーにこまかいサインを出してもダメだと思った」

と、辻が語ってくれたことがある。

「こちらが要求したコースに、サインどおりにきっちり投げられるピッチャーが少なかった。ぼくがいたころのタイガースはそうじゃなかった。江夏はそのなかでも群を抜いていた。キャッチャーの立場から見て百点満点をつけられる試合も経験した。その試合で、江夏は溜息《ためいき》がでるほど完璧《かんぺき》だった。これ以上のピッチングはありえないだろうと思った」

辻の左の手のひらは、何年も前の江夏の球を受けたときの感触をいまだにおぼえている。

江夏豊がタイガースのユニフォームを着てマウンドにあがった。辻恭彦がマスクをかぶり、プロテクター、レガースをつけてホームベースのうしろにすわる。現在のタイガースのユニフォームではない。白地に黒のピンストライプ、袖《そで》、えり首、そして下半身の両サイドに黄色のふちどりが入っている。帽子のひさしも黄色だ。帽子のマークは〝H〟と〝T〟が組あわされ刺繍《ししゅう》されている。そのうちの〝H〟が黄色で〝T〟が白である。

対するバッターは、対戦相手チームの武田鉄矢《たけだてつや》監督がピンチヒッターとして起用するという形で次々に登場してきた。

ロッテオリオンズのユニフォームを着ていた落合博満、広島カープの高橋慶彦、阪急ブレーブスの福本豊、そしてカープの山本浩二、大洋ホエールズの斉藤明夫《さいとうあきお》……。

一本杉球場には1月の、冷たい風が吹いていたが、空は晴れあがっていた。

江夏は、いつもどおりのフォームで投げはじめた。バッターは、その江夏の球を打ち、そしてマウンドの江夏のところに歩み寄っていった。

「大リーグにトライしてみることにした」

江夏は気負うでもなく、淡々とそう語るのだった。

「まだ正式に契約が成立したわけじゃない。こまかな条件をつめなければいけないからね。ただ、トライしてみようというふんぎりはついた」

西武ライオンズを退団し自由契約になった一か月ほど後のことである。

「どのチームだと思う？」

江夏は笑いながら聞いてきた。サウスポーを必要としているチーム、実力未知数の投手に興味を示すチーム……。さて、どこだろう。その時点では想像もつかないことだった。

「さあ……」

「ミルウォーキーなんだ。ブリュワーズ。84年はアメリカンリーグ東地区で最下位だった」

「その前の年もたしか五位だったけど、ほんの数年間、リーグ優勝を果したチームでしょう」

「そうやね」

「あのブリュワーズで投げることになるのか」

少なからず、ぼくはおどろいた。

やがて、江夏は準備のために渡米した。ある雑誌の仕事で行くのだということになっていたが、そのときにブリュワーズのスタッフと、キャンプ参加に関する話し合いもしてきた。

その場でブリュワーズのスカウト担当者が、ぜひ、江夏のピッチングを見たいといった。江夏は、ここしばらくボールを握っていないことを承知したうえでピッチングを見てくれといった。

そのうえで、江夏は投げた。ほんの、かぞえる程度の球数だった。それを見てすぐにオーケーという返事が出た。春のキャンプに参加してみてくれ、というのである。

とりあえずそこまでで、江夏は日本に帰ってきた。引退した年の、年末のことだ。

困難は承知のうえで行くのだと、江夏はいっていた。

そのとおりだろう。

メジャーリーグのマウンドに立つのはやさしいことではない。

ベンチ入りできるのは二十五人の選手たちである。キャンプがはじまる時点でいえば、各球団は四十人ほどの選手と契約をかわしている。そのほかにキャンプでテストを受けるメジャーリーガー候補選手もいる。キャンプ、オープン戦でそれぞれの選手の持っている力、コンディションがチェックされることになる。そして、最終的に二十五人の選手にしぼりこまれるわけだ。

日本とちがって、アメリカ野球には二軍はない。この二十五人に選ばれなかった場合、ブリュワーズ傘下のAAAチーム、バンクーバー・カナディアンズに所属することになる。シーズン途中での選手の入れかえは、しばしば行われる。仮にAAAからスタートしても、シーズンの途中でブリュワーズの一員に昇格する可能性は十分にある。それがアメリカのプロ野球のシステムである。

バンクーバー・カナディアンズには、かつて小川邦和《おがわくにかず》投手がいたことがある。読売ジャイアンツとの契約が切れたあと、小川は単身、渡米し野球をつづけた。当時、とっくに三十歳をこえていたが、自分はまだ二十代だといって契約したのだという。その後、日本に戻ってきた小川は広島カープにひろわれた。数シーズン、カープの中継ぎ投手をやり、そこをクビになると今度はメキシコに行った。メキシコにもプロ野球はある。

それはともかく、どういう結果が出るかはわからないが、江夏はまた、新しい世界で野球をつづけてみようと考えたわけなのである。

江夏らしいといえば、じつに江夏らしい決断である。

この男は、自ら好むわけではないのだろうが、結果としていつも〝負〟を背負いこんでしまうところがある。

阪神タイガースから南海ホークスへ移籍するときがそうだった。広島カープから日ハムファイターズに移るときもそうだった。器用ではない。周囲の状況に、自分のほうから折り合いをつけようとはしない。適当に、まあまあの姿勢で、ラクに構えて野球人生を送っていれば、そうはならなかっただろうと思われる。しかし、江夏豊がそういうタイプの人間であったとしたら、現在の江夏豊はありえなかっただろう。

自分なりに真っすぐ歩きたいと願うから、彼はたびたびトラブルをもかかえることになった。たいていの人間は、ゆるやかにカーブしたり、途中で曲がってみたり、ごまかしてみたり、流されてみたりしながら、だましだまし歩んでいくものだ。そのほうがやっかいな問題をかかえずにすむという面もある。

江夏はちがった。

だから彼は、様々な問題と正面からぶつかってしまう。

彼が西武ライオンズのユニフォームを着て間もないころのことだ。

西武ライオンズの揃いのブレザースーツを着て羽田から大阪に移動する飛行機のなかで江夏と会った。飛行機はすいていた。彼は、西武ライオンズの選手たちが陣どっている一画から立ちあがり、ぼくのほうにやってきた。

ブレザースーツとネクタイが、とてもきゅうくつそうに見えた。

そのころ、江夏はすでに森ヘッドコーチに申し入れていたはずだ。自分をどこかほかのチームにトレードに出してくれないか、と。

「このチームは野球以外のことで選手たちをしめつけすぎる」

江夏はそういっていた。自分がこのチームの規格に合いそうにないことを、早くも感じとっているようだった。

日ハムをやめることになったとき、トレード先をさがすために奔走したのは当時の大《おお》沢《さわ》・日ハム監督である。

「行き先は、西武か巨人ということになるのかな」

様々な憶測がとびかっているころ、ぼくがたずねると、江夏はしばし考えこみ、こういうのだった。

「巨人とはずっと以前、一度話があったらしい。その話は途中でこわれてしまったみたいだけどね。今、あらためて行きたいとは思わない。どこにトレードされることになるかわからないけど、おれの性格からすると弱いチームに行きたいね。そのほうが仕事しがいがあるよ」

西武がV2をはたした83年のシーズンオフのことだ。しかし、江夏は西武にトレードされることになった。そして、ユニフォームを脱ぐことになってしまった。

「私も、大リーグで活躍したいと真剣に考えた時期があります」

長嶋茂雄《しげお》氏のスピーチが聞こえてきた。

一本杉球場で〝引退試合〟が行われた日の午後6時すぎ、ホテル・ニューオータニで江夏豊の壮行会が行われた。球界関係者が、多数、集まった。最初に、広島カープの松田オーナーが江夏をはげます言葉をおくった。長嶋氏はそのあとに、マイクの前に立った。そして、じつは自分にも大リーグ入りの話があったのだ、と語りはじめた。

「ルーキーとしてのシーズンを終えたあとだったと思います。あるメジャーの球団から、数年、アメリカで野球をやる気はないかという打診を受けたんですね。ずいぶん、心動かされました。しかし、その夢は果たせませんでした」

仮に、熱烈にメジャーリーグ入りを願ったとしても、日本のプロ野球を根本的に変えていく可能性のある長嶋茂雄という選手を、当時の読売ジャイアンツがたとえ一年ではあっても、手ばなすことはしなかっただろう。「今思えば、どんな無理をしてでも行っておくべきだったと思います。あの、若い時期に行っていれば、ずいぶんいろんなことを勉強できたのではないかと思うわけですね……」

長嶋氏はそういう話をしたあと、三十代の半ばに達してあえて新天地を求めようとする江夏をたたえた。

いい壮行会だったと思う。

乾杯の音頭をとったのは王貞治氏であった。次から次へと、当夜のゲストがそれぞれの江夏豊を語った。西武ライオンズからは、根本陸夫管理部長が出席して、あいさつをした。広島カープの監督をしていた古葉竹識氏からは祝電が届いた。日ハムの大沢前監督からのメッセージは、すでに一本杉球場でマイクを通じて紹介されていた。

壮行会をしめくくったのは、張本勲《いさお》氏が音頭をとった手じめである。そのあと名球会を代表して江藤慎一《えとうしんいち》氏があいさつをした。そして、江夏は、名球会のメンバーに肩ぐるまされて、会場を出ていった。

江夏は、１９８５年1月19日、一本杉球場で行われた引退式のことを忘れることができないだろう。

ブリュワーズのキャンプに参加した江夏は、結局のところ、メジャーには残れなかった。キャンプの後半になると、毎日誰かが荷物をまとめてロッカールームを出ていく。登録枠に残れるか否か、厳しい選別が始まる。江夏はいくつかの関門をくぐり抜けた。キャンプ終盤のオープン戦にも参加した。しかし、そこまでだった。オープン戦で、カリフォルニア・エンジェルスのスラッガー、レジー・ジャクソンと対戦したところで江夏はもう投げないでもいいと通告された。荷物をまとめろ、というわけだった。かつてニューヨーク・ヤンキースの主砲として活躍したレジー・ジャクソンとの対決が江夏豊のプロ野球生活の最後の思い出になった。いよいよ本当に、ユニフォームを脱ぐことになったのである。

それでも彼は折にふれ、思い出すにちがいない。

「……胸を張って、マウンドにあがり、胸を張ってマウンドを降りてきました。江夏豊はいつでも胸を張って野球をやってきました。……」

一本杉球場のホームベースのあたりに立ち、マイクに向かって、江夏はそういったのだった。

その言葉が、まだどこかでこだましているような気がする。

『野球雲の見える日』（潮出版社）より

山際淳司（やまぎわ・じゅんじ）
作家。1948年神奈川県生まれ。中央大学法学部卒業後、ライターとして活動。80年「Sports Graphic Number」（文藝春秋）創刊号に掲載された短編ノンフィクション「江夏の21球」で注目を集める。81年同作が収録された『スローカーブを、もう一球』（角川書店）で第8回日本ノンフィクション賞を受賞。NHKのスポーツキャスターとしても活躍。95年5月29日没。著書多数。2017年に野球短編だけを集めた傑作選『江夏の21球』が角川新書より刊行。

編集協力／山際澪（犬塚幸子）、犬塚星司

衣《きぬ》笠《がさ》祥《さち》雄《お》 最後《さいご》のシーズン

山際《やまぎわ》 淳《じゅん》 司《じ》

2018 年 8 月 10 日　初版発行
2024 年 9 月 25 日　3 版発行

発行者　山下直久
発　行　株式会社KADOKAWA
〒102-8177　東京都千代田区富士見 2-13-3
電話　0570-002-301（ナビダイヤル）
装 丁 者　緒方修一（ラーフイン・ワークショップ）
ロゴデザイン　good design company
オビデザイン　Zapp!　白金正之
印 刷 所　株式会社KADOKAWA
製 本 所　株式会社KADOKAWA

角川新書

ISBN978-4-04-082265-5 C0275